바로톡 talk

여행
스페인어

🔍 스페인 핫플레이스 50

바로톡 ^{talk} 여행 스페인어

초판 1쇄 발행 2020년 3월 3일
2판 1쇄 인쇄 2024년 2월 19일
2판 1쇄 발행 2024년 2월 28일

지은이   루시아 김
발행인   임충배
홍보/마케팅   양경자
편집   김인숙, 왕혜영
디자인   정은진
펴낸곳   도서출판 삼육오 (PUB.365)
제작   (주)피앤엠123

출판신고 2014년 4월 3일
등록번호 제406-2014-000035호

경기도 파주시 산남로 183-25
TEL 031-946-3196 / FAX 031-946-3171
홈페이지   www.pub365.co.kr

ISBN 979-11-92431-44-4 13770
© 2024 루시아 김 & PUB.365

바로톡 talk

Gracias

¡Hola!

Adiós

¿Qué tal?

PASSPORT

저자 루시아킴

여행 스페인어

스페인 핫플레이스 50

PUB

SPAIN

머리말

스페인을 여행하는 기분으로
즐겁게 배우는 스페인어 회화!

여러분은 '스페인'하면 어떤 이미지나 단어가 떠오르시나요? ^^
'정열의 태양', '시에스타', '투우', '플라멩고', '토마토 축제', '피카소', '돈키호테', '하몽'...
아마도 많은 분들이 '스페인'을 색깔로 표현한다면 '빨강'을 손꼽으실 거라 생각해요.
정말 스페인은 '빨강'을 빼놓을 수 없는 나라임이 분명하지만,
'빨강'만으로 표현되기엔 너무 많은 매력이 살아 숨 쉬는 국가랍니다.
'파랑'의 지중해, '황금빛'의 대성당, '초록빛' 공원들, 길가의 '오렌지' 나무들,
'하얀' 벽의 미술관과 박물관들, '자줏빛' 와인 칵테일 상그리아,
산티아고 순례길의 '노란' 조개껍질, 먹물 빠에야의 '검은색'...
이토록 형형색색의 모습을 가졌기에 언젠가 꼭 한 번은 가고 싶은 국가인 스페인.
여러분들의 그날의 꿈이 이루어지길 응원하는 마음으로 이 책을 집필하였답니다. ^^
이 책은 여러분들께서 스페인어를 다채롭게 공부하시도록 구성되어 있어요.
스페인의 핫플레이스 50곳을 알아가시면서 50개의 표현을 익히는 시간은
여러분의 일상 속에서 미리 스페인을 여행하는 유익하고 즐거운 시간이 될 거예요.
더불어, 스페인어가 무려 전 세계 21개국에서 공식어로 사용되고 있기에
앞으로 세계 어디를 여행하더라도 스페인어를 사용하는 사람들을 만나,
스페인어를 말하게 될 확률이 아주 높다는 사실!
즉, 이 책을 만난 이 순간부터 여러분들의 세계는 이미 넓어지고 있습니다.
저, 루시아 김이 여러분들의 스페인어를 응원합니다!

목차 | 바로 톡 스페인어

어떻게 가나요?	16	
무엇인가요?	20	
어디에 있나요?	24	스페인 수도
무엇이 있나요?	28	
얼마나 걸려요?	36	
왜 유명해요?	42	
~로 갑시다 (~로 가주세요)	46	
어때요?	50	마드리드 근교 도시
~해주실 수 있나요?	58	
~하기에 언제가 가장 좋아요?	62	
~해도 되나요?	66	
언제 사람이 많아요?	70	
멀리 있나요?	80	스페인 북부 1
어디에서부터요?	84	
~할 예정이다, ~할 것이다	88	
누구예요?	92	
저를 도와주실래요?	100	
~에 대해(관해) 알고 싶어요	104	
뭘 해야 해요?	108	
몇 시에 ~하나요?	112	
언제 ~하나요?	122	스페인 북부 2
~을/를 가지고 있나요?	126	

● 마드리드
01. 마드리드 왕궁 Palacio Real de Madrid
02. 산 미겔 시장 Mercado de San Miguel
03. 푸에르타 델 솔 광장 Puerta del Sol
04. 프라도 미술관 Museo del Prado
05. 레티로 공원 Parque del Retiro

● 톨레도
06. 톨레도 대성당 Catedral de Toledo
07. 톨레도 전망대 Mirador del Valle

● 세고비아
08. 로마 대수교 Acueducto de Segovia
09. 알카사르 성 Alcázar de Segovia

● 살라망카
10. 로마노 다리 Puente Romano
11. 살라망카 대성당 Catedral de Salamanca
12. 마요르 광장 Plaza Mayor de Salamanca

● 산티아고 데 콤포스텔라
13. 산티아고 대성당 Catedral de Santiago
14. 산티아고 순례길 Camino de Santiago

● 오비에도
15. 몬테 나랑코 Monte Naranco
16. 구시가지 거리 Calles del Casco Antiguo de Oviedo
17. 산타 마리아 성당 Santa María del Naranco

● 빌바오
18. 리베라 시장 Mercado de la Ribera
19. 구시가지 Casco Viejo
20. 구겐하임 미술관 Museo Guggenheim

● 산 세바스띠안
21. 미라마르 궁전 Palacio de Miramar
22. 콘차 해변 Playa de la Concha

~하고 싶어요 130

뭐라고 부르나요? 134

무엇을 선호하세요? 142

~는 어떤 사람이었어요? 148

~라고 생각해요 152

얼마예요? 156

어디가 명당이에요? 164

~하는 중이에요 168

~ 맞아요? 172

만약 ~라면 176

마음에 드세요? 184

~한 경험이 있어요? 188

무엇이 가장 유명해요? 192

왜 인기 있어요? 198

~를 추천해주세요 206

~라고 하던데요 210

~가 필요해요 214

예약하고 싶어요 218

~인 것 같아요 226

얼마나 자주 ~하나요? 230

잃어버렸어요 234

~하기는 처음이에요 240

~합시다 248

어떻게 생각하세요? 252

무엇을 준비해야 하나요? 256

~보다 더 …합니다 260

~는 금지되어 있습니다 268

~할 가치가 있나요? 272

스페인 북부 2

스페인 동부

스페인 남부 1

스페인 남부 2

● 팜플로나

23. 팜플로나 대성당 Catedral de Pamplona

24. 콘시스토리알 광장 Plaza Consistorial

25. 카스티요 광장 Plaza del Castillo

● 바르셀로나

26. 가우디 투어 Ruta de Gaudí

27. 람블라 거리 La Rambla

28. 보케리아 시장 La Boqueria

29. 몬주익 언덕 Montjuic

● 발렌시아

30. 비오파크 동물원 Bioparc de Valencia

31. 라론하 실크 교역소 La Lonja de la Seda

32. 투리아 공원 Jardín del Turia

33. 과학예술종합단지 Ciudad de las Artes y las Ciencias

● 마요르카

34. 아레날 해변 Playa de Palma, El Arenal

35. 팔마 대성당 Catedral de Palma

● 세비야

36. 대성당과 히랄다탑 La Catedral de Sevilla y la Giralda

37. 세비야 알카사르 Real Alcázar de Sevilla

38. 황금의 탑 Torre del Oro

39. 스페인 광장 Plaza de España

● 말라가

40. 피카소 박물관 Museo Picasso

41. 알카사바 Alcazaba

42. 투우경기장 Plaza de Toros

43. 말라게타 해변 Playa de la Malagueta

● 그라나다

44. 알람브라 궁전 La Alhambra

45. 산 니콜라스 전망대 Mirador de San Nicolás

46. 사크로몬테 Sacromonte

47. 알바이신 지구 Albaicín

● 코르도바

48. 알카사르 Alcázar

49. 메스키타 Mezquita

50. 유대인 지구 La Judería

학습 방법 | 바로 톡 스페인어

여행 코스
어디부터 가는 게 좋을까?
한눈에 보이는 스페인 여행 추천 루트를
따라서 머물고 싶은 만큼 자유롭게 여행해
보세요. 산티아고부터 발렌시아까지 스페인
전역은 물론, 북부 지역 혹은 남부 지역을
위주로 둘러보고 효율적인 여행 계획을 세울
수 있어요.

핫플레이스 위치 표시
스페인 지도 위에 핫플레이스의 위치를 표시
하여 한눈에 볼 수 있도록 만들었어요.

핫플레이스 정보와 유래
언어를 배울 때 그 나라에 대해서도 알아두면
학습에 많은 도움이 됩니다.
각 핫플레이스들의 역사와 문화, 배경을 함께
담았습니다. 특색 있는 핫플레이스의 고유한
매력을 느껴보세요.

MP3 다운로드 방법
www.pub365.co.kr 홈페이지 접속 ≫ 도서 검색 ≫ 바로 톡 여행 스페인어 클릭 ≫ MP3 다운

QR코드로 미리보기 대화문을 듣고 기억하기(패턴)의 동영상 보는 방법
스마트폰에 QR코드 어플을 다운로드하신 후, 어플을 실행시키면 사진 촬영 화면이 나와요.
QR코드를 화면에 맞춘 후 찰칵~ 찍어보세요!

미리 만나보고 들어 보고 말해 보아요
여행할 때 자주 쓰는 대표적인 표현들을 모았습니다.
이 표현들을 미리 본 후 원어민 음성으로도 만나보세요.
눈으로 익히고, 원어민 음성을 통해 귀로 듣고 직접 말해본다면
학습효과는 배가 됩니다.

QR코드가 보인다면 스마트폰으로 찍어보세요!
각 챕터에서 배울 문장과 패턴을
원어민 음성으로 들을 수 있어요.

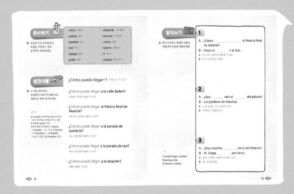

대화문에 삽입된 단어도 보고 패턴도 익히고!
미리 만나본 표현들을 제대로 배워볼까요?
대화문 중에서 핵심 표현을 골라 집중적으로
학습할 수 있도록 구성했습니다. 오늘 배울
주요 단어 정리부터 핫플레이스에서 활용할
패턴 표현, 그리고 대화내용의 빈칸 채우기
까지. 완벽하게 복습도 마무리해요!

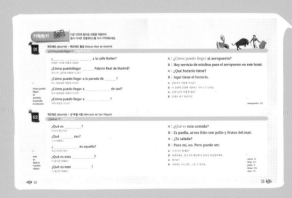

기억하고 또 기억하기
힘들게 공부한 걸 잊어버릴 순 없겠죠?
실전 여행에 등장한 문장을 한 번 더 복습
하는 시간입니다. 각 챕터의 주요 패턴을
보고 빈칸을 채워넣으세요. 핵심 패턴을 활용
하여 실생활에서 쓸 수 있는 생생한 대화문
으로 구성했습니다.

여행 코스 | 바로 톡 스페인어

산티아고 Santiago
오비에도 Oviedo
빌바오 Bilbao
산세바스티안 San Sebastián
Burgos
팜플로나 Pamplona
바르셀로나 Barcelona
살라망카 Salamanca
마드리드 Madrid
마요르카 Mallorca
발렌시아 Valencia
코르도바 Córdoba
세비야 Sevilla
그라나다 Granada
말라가 Málaga

머물고 싶은 시간은 자유! 스페인 여행 추천 루트

(마드리드 IN – 바르셀로나 OUT 기준, 바르셀로나 OUT일 경우, 반대 순서로 여행 추천)

루트 1 스페인 전역 샅샅이 여행하기

루트 2 스페인 중·북부 여행하기

루트 3 스페인 중·남부 여행하기

스페인 전역 샅샅이 여행하기

루트 |

마드리드

톨레도

팜플로나

산세바스티안

세비야

살라망카

산티아고 데 콤포스텔라

오비에도

말라가

코르도바

그라나다

발렌시아

바르셀로나

마요르카

여행 | 바로 톡
코스 | 스페인어

스페인 중·북부 여행하기

루트 2

마드리드

톨레도

살라망카

산티아고

바르셀로나

팜플로나

산세바스티안

오비에도

스페인 중·남부 여행하기

마드리드

톨레도

세비야

말라가

마요르카

발렌시아

그라나다

코르도바

바르셀로나

핫플레이스 스페인어 여행

마드리드

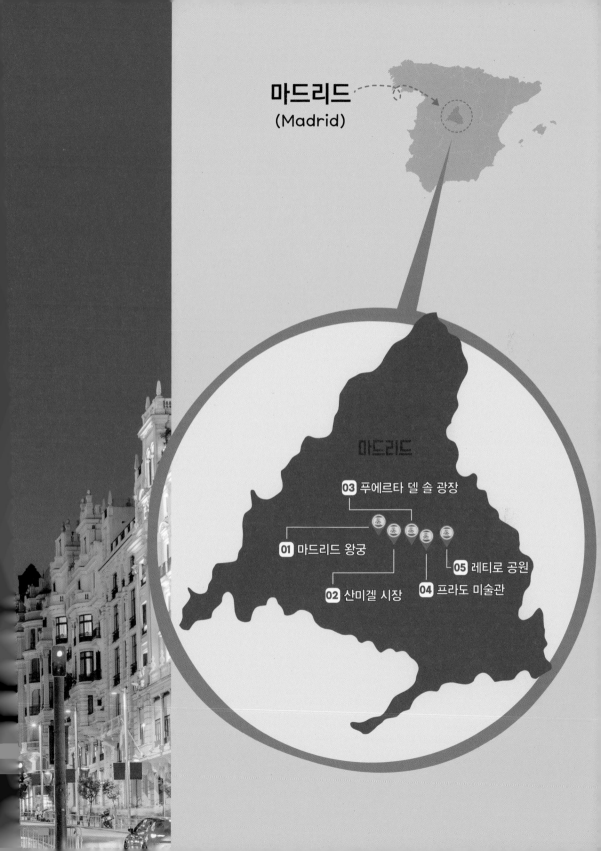

마드리드
(Madrid)

마드리드

03 푸에르타 델 솔 광장

01 마드리드 왕궁

05 레티로 공원

02 산미겔 시장

04 프라도 미술관

마드리드 (Madrid)
– 마드리드 왕궁 (Palacio Real de Madrid)

01

오늘 배울 표현은 **어떻게 가나요?**

국가적 상황에만 사용되는 스페인의 왕실 공직 관저이다. 9세기 이슬람 세력의 알카사르(요새)로 세워졌으나 결국 스페인 왕가 소유가 되었다. 현재의 모습은 18세기 화재로 인해 재건축된 고전주의 바로크 양식이다. 벨라스케스, 티에폴로, 고야 등 최고 화가들이 궁전 보수 작업에 착수하였고 약 3,000개의 방 중에서 50개를 관람할 수 있다. 그 중 베르사유 궁전의 거울의 방을 모방한 '왕관의 방'과 164명이 식사할 수 있는 유럽 최대의 연회장이 유명하다. 입장료 가격이 꽤 나가기 때문에 무료 입장 시간대를 확인하여 방문하는 것도 좋다.(하절기와 동절기에 다를 수 있다.) 미리 시간을 맞춰 가면 왕궁의 근위병 교대식을 무료로 관람할 수도 있다.

출처 - 스페인 국유재산 공식 홈페이지(patrimonionacional.es)

이번 핫플레이스에서는
어떤 대화를 하는지
먼저 살펴볼까요?

🎙 원어민의 음성을 들어보세요.

▶ Spain_01.mp3

1

A : ¿Cómo puedo llegar al Palacio Real de
Madrid?

B : Toma el autobús o el taxi.

2

A : ¿Qué parque está al lado del palacio?

B : Los Jardines de Sabatini.

3

A : ¿Hay muchos rateros cerca del Palacio?

B : Sí. Ten cuidado, por favor.

1

A : 마드리드 왕궁에 어떻게 가나요?

B : 버스나 택시를 타세요.

2

A : 궁전 옆에는 무슨 공원인가요?

B : 사바티니 정원입니다.

3

A : 왕궁 근처에 소매치기가 많은가요?

B : 네. 조심하세요.

오늘의 주요 단어입니다.
학습을 시작하기 전에
단어부터 살펴보아요.

- cómo 어떻게
- palacio 궁전
- autobús 버스
- taxi 택시
- parque 공원
- jardín 정원
- al lado de ~의 옆에
- cerca de ~근처에
- mucho 많은
- rateros 소매치기
- sí 네(yes)
- cuidado 조심, 주의

실전여행

이 정도 한마디는
핫플레이스에서 꼭 해보아요.
패턴으로 완벽 암기하세요.

⭐ TIP

동사 puedo는 영어의 to can 동사로서,
'~할 수 있다'라는 의미를 가지고 있다.
동사원형은 poder 이며,
인칭에 따른 동사변화는 (나)puedo
– (너)puedes – (그, 그녀, 당신)puede
– (우리)podemos – (너희)podéis
–(그들, 그녀들, 당신들)pueden 이다.

¿Cómo puedo llegar~? 어떻게 가나요?

- ¿Cómo puedo llegar a la calle Bailen?
바일렌 거리에 어떻게 가나요?

- ¿Cómo puedo llegar al Palacio Real de Madrid?
마드리드 궁전에 어떻게 가나요?

- ¿Cómo puedo llegar a la parada de autobús?
버스 정류장에 어떻게 가나요?

- ¿Cómo puedo llegar a la parada de taxi?
택시 정류장에 어떻게 가나요?

- ¿Cómo puedo llegar a la estación?
역에 어떻게 가나요?

일지쓰기

➡ 핫플레이스에서 대화한 내용을
떠올리며 빈칸을 채워보세요.

1

A : ¿Cómo _____ _____ al Palacio Real de Madrid?

B : Toma el _____ o el taxi.

A : 마드리드 왕궁에 어떻게 가나요?

B : 버스나 택시를 타세요.

2

A : ¿Qué _____ está al _____ del palacio?

B : Los Jardines de Sabatini.

A : 궁전 옆에는 무슨 공원인가요?

B : 사바티니 정원입니다.

3

A : ¿Hay muchos _____ cerca del Palacio?

B : Sí. Tenga _____, por favor.

A : 왕궁 근처에 소매치기가 많은가요?

B : 네. 조심하세요.

정답

1 puedo llegar, autobús
2 parque, lado
3 rateros, cuidado

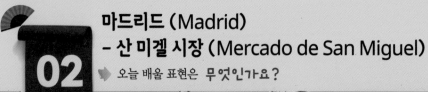

마드리드 (Madrid)
– 산 미겔 시장 (Mercado de San Miguel)

02 ➤ 오늘 배울 표현은 **무엇인가요?**

전 세계 주요 식료품 시장의 한 곳이자 마드리드의 대표 시장이며, 식료품 시장으로 개업한 지 100년 이상이 되었다. 최상급 이베리코 하몽을 포함해 갈리시아로부터 매일 들어오는 신선한 해산물 및 지중해의 곡물들과 Castilla(까스띠야), Asturias(아스투리아스), País Vasco(빠이스 바스코)의 특별한 치즈까지, 스페인 구석구석의 식도락 경험이 가능한 곳이다. 실내 시장이기 때문에 날씨와 관계 없이 방문하기 좋은 곳이다. 흔히 생각할 수 있는 '재래 시장'과 같은 분위기가 아닌 깔끔히 정돈되었고 세련된 모습을 하고 있다. 음식을 사서 바로 즐길 수 있는 테이블들과 좌석들이 마련되어 있으며, 영업시간도 여유가 많은 편이다.

출처 – 산 미겔 시장 공식 홈페이지(mercadodesanmiguel.es)

이번 핫플레이스에서는
어떤 대화를 하는지
먼저 살펴볼까요?

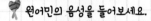 원어민의 음성을 들어보세요.

🎵 Spain_02.mp3

1

A : ¿El mercado de San Miguel se abre toda la semana?

B : Sí. Se abre hasta más tarde desde el jueves y hasta el sábado.

2

A : ¿Qué es esto?

B : Es jamón, pata trasera de cerdo. Es crudo y salado.

3

A : ¿Este está rico?

B : Sí. Está muy delicioso.

1

A : 산 미겔 시장은 일주일 내내 열리나요?

B : 네. 목요일부터 토요일은 더 늦게까지 열어요.

2

A : 이게 뭐예요?

B : 하몽이에요. 돼지 뒷다리예요. 날 것이고 짜요.

3

A : 이거 맛있어요?

B : 네. 아주 맛있어요.

오늘의 주요 단어입니다.
학습을 시작하기 전에
단어부터 살펴보아요.

• mercado 시장	• rico 맛있는
• semana 주, 일주일	• delicioso 맛있는
• qué 무엇(what)	• eso 그것
• esto 이것	• aquello 저것
• cerdo 돼지	• comida 음식
• salado 짠	• objeto 물건

실전여행

이 정도 한마디는
핫플레이스에서 꼭 해보아요.
패턴으로 완벽 암기하세요.

☆TIP

'Qué es ~' 에서의 es는
영어의 to be 동사와 같은 의미로서
동사원형은 ser 이며,
인칭에 따른 동사변화는 soy – eres
– es – somos – sois – son 이다.

¿Qué es ~? 무엇인가요?

• ¿Qué es esto?

이것 무엇인가요?

• ¿Qué es eso?

그거 뭐예요?

• ¿Qué es aquello?

저건 무엇인가요?

• ¿Qué es esta comida?

이 음식은 뭐예요?

• ¿Qué es este objeto?

이 물건은 뭐예요?

➡ 핫플레이스에서 대화한 내용을 떠올리며 빈칸을 채워보세요.

1

A : ¿El _____ de San Miguel se abre toda la _____?

B : Sí. Se abre hasta más tarde desde el jueves y hasta el sábado.

A : 산 미겔 시장은 일주일 내내 열리나요?

B : 네. 목요일부터 토요일은 더 늦게까지 열어요.

2

A : ¿_____ _____ esto?

B : Es jamón, pata trasera de cerdo.
   Es crudo y _____.

A : 이게 뭐예요?

B : 하몽이에요. 돼지 뒷다리예요. 날 것이고 짜요.

3

A : ¿_____ está rico?

B : Sí. Está muy _____.

A : 이거 맛있어요?

B : 네. 아주 맛있어요.

정답

1 mercado, semana
2 Qué es, salado
3 Este, delicioso

23

마드리드 (Madrid)
– 푸에르타 델 솔 광장 (Puerta del Sol)

03 ➤ 오늘 배울 표현은 **어디에 있나요?**

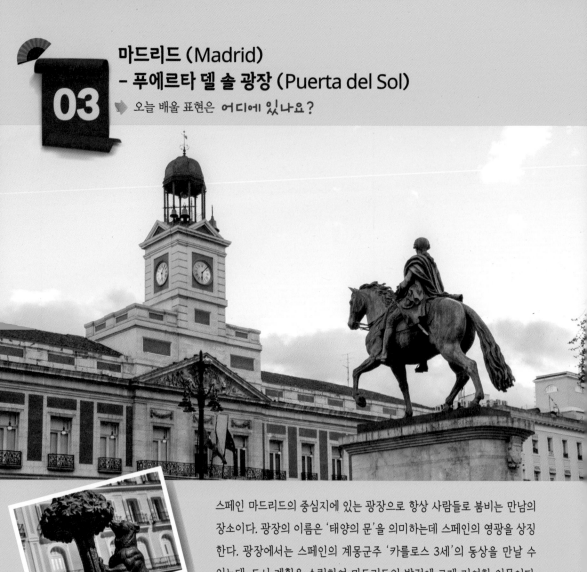

스페인 마드리드의 중심지에 있는 광장으로 항상 사람들로 붐비는 만남의 장소이다. 광장의 이름은 '태양의 문'을 의미하는데 스페인의 영광을 상징한다. 광장에서는 스페인의 계몽군주 '카를로스 3세'의 동상을 만날 수 있는데, 도시 계획을 수립하여 마드리드의 발전에 크게 기여한 인물이다. 일명 '솔 광장'이라고 불리는 이곳은 주요 관광지와 가까울 뿐 아니라 스페인 곳곳으로 통하는 9개의 도로가 시작되어 마드리드의 중심이 되고 있다. 유명한 추로스 가게를 포함하여 광장 주변으로 상점, 음식점, 카페 등이 많이 위치해 있고 낮과 밤의 분위기가 사뭇 다르기 때문에 시간 여유가 된다면 낮과 밤을 모두 즐겨도 좋을 것이다.

출처 - 마드리드 관광 공식 홈페이지(esmadrid.com)

이번 핫플레이스에서는
어떤 대화를 하는지
먼저 살펴볼까요?

🎙 원어민의 음성을 들어보세요.

🎵 Spain_03.mp3

1

A : ¿Dónde está la Puerta del Sol?
B : Siga todo recto.

2

A : ¿Qué hay cerca de la Puerta del Sol?
B : Están el Palacio Real y el Museo del Prado.

3

A : ¿Hay mucha gente en la Puerta del Sol?
B : Sí. Siempre hay mucha gente.

1

A : 어디에 솔 광장이 있나요?
B : 계속 직진하세요.

2

A : 솔 광장 주변에 무엇이 있나요?
B : 마드리드 왕궁과 프라도 미술관이 있습니다.

3

A : 솔 광장에 사람들이 많이 있나요?
B : 네. 항상 사람들이 많이 있어요.

- plaza 광장
- sol 태양
- museo 미술관, 박물관
- oso 곰
- restaurante 레스토랑
- cerca de ~근처에

- puerta 문
- palacio 궁전
- estatua 동상
- todo 모두, 모든
- cafetería 카페
- popular 인기 있는

오늘의 주요 단어입니다.
학습을 시작하기 전에
단어부터 살펴보아요.

실전여행

이 정도 한마디는
핫플레이스에서 꼭 해보아요.
패턴으로 완벽 암기하세요.

★TIP

dónde는 '어디(where)'라는 의문사이고
estar 동사는 '있다'라는 뜻을 가지는
영어의 to be 동사이다. 즉, 스페인어의
to be 동사는 ser 동사와 estar 동사
2종류가 있으며, estar 동사는 estoy
− estás − está − estamos − estáis
− están으로 동사변화를 한다.

¿Dónde está ~? 어디에 있나요?

- ¿Dónde está la estación Atocha?
  아토차 역은 어디에 있나요?

- ¿Dónde está el restaurante Botín?
  보틴 레스토랑이 어디에 있나요?

- ¿Dónde están las cafeterías populares?
  인기 있는 카페들이 어디에 있나요?

- ¿Dónde está la estatua del oso en la Puerta del Sol?
  솔 광장에 곰 동상이 어디에 있어요?

- ¿Dónde está el Museo del Prado?
  프라도 미술관은 어디에 있나요?

핫플레이스에서 대화한 내용을 떠올리며 빈칸을 채워보세요.

1

A : ¿_____ está la Puerta del Sol?

B : Siga todo recto.

A : 어디에 솔 광장이 있나요?

B : 계속 직진하세요.

2

A : ¿Qué hay_____ _____ la Puerta del Sol?

B : Están el _____ Real y el _____ del Prado.

A : 솔 광장 주변에 무엇이 있나요?

B : 마드리드 왕궁과 프라도 미술관이 있습니다.

3

A : ¿_____ mucha gente en la Puerta del Sol?

B : Sí. _____ hay mucha gente.

A : 솔 광장에 사람들이 많이 있나요?

B : 네. 항상 사람들이 많이 있어요.

정답
....

① Dónde

② cerca de, Palacio, Museo

③ Hay, Siempre

04

마드리드 (Madrid)
– 프라도 미술관 (Museo del Prado)
➡ 오늘 배울 표현은 **무엇이 있나요?**

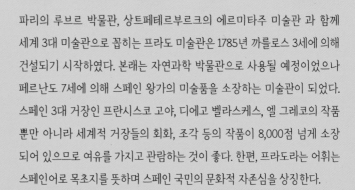

파리의 루브르 박물관, 상트페테르부르크의 에르미타주 미술관 과 함께 세계 3대 미술관으로 꼽히는 프라도 미술관은 1785년 까를로스 3세에 의해 건설되기 시작하였다. 본래는 자연과학 박물관으로 사용될 예정이었으나 페르난도 7세에 의해 스페인 왕가의 미술품을 소장하는 미술관이 되었다. 스페인 3대 거장인 프란시스코 고야, 디에고 벨라스케스, 엘 그레코의 작품 뿐만 아니라 세계적 거장들의 회화, 조각 등의 작품이 8,000점 넘게 소장 되어 있으므로 여유를 가지고 관람하는 것이 좋다. 한편, 프라도라는 어휘는 스페인어로 목초지를 뜻하며 스페인 국민의 문화적 자존심을 상징한다.

출처 - 프라도 미술관 공식 홈페이지(museodelprado.es)

미리보기

이번 핫플레이스에서는
어떤 대화를 하는지
먼저 살펴볼까요?

 원어민의 음성을 들어보세요.

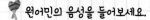

Spain_04.mp3

1

A : ¿Qué hay en el Museo del Prado?
B : Hay obras de Goya, Velázquez y El Greco.

2

A : ¿Qué obra es la más famosa?
B : Es "Las meninas" de Diego Velázquez.

3

A : ¿Qué horario tiene el museo?
B : Se abre desde las 10(diez) y hasta las 8(ocho).

1

A : 프라도 박물관에 무엇이 있나요?
B : 고야, 벨라스케스, 엘 그레코의 작품들이 있어요.

2

A : 어떤 작품이 가장 유명해요?
B : 디에고 벨라스케스의 "시녀들"이에요.

3

A : 박물관 운영시간은 어떻게 되나요?
B : 10시부터 8시까지 열려 있습니다.

- **hay** 있다
- **obra** 작품
- **qué** 무엇(what)
- **cuál** 어느 것(which one)
- **famoso** 유명한
- **horario** 운영시간, 시간표
- **desde** ~부터
- **hasta** ~까지
- **edificio** 건물
- **bolso** 가방
- **dentro de** ~의 안에
- **fuera de** ~의 밖에

오늘의 주요 단어입니다. 학습을 시작하기 전에 단어부터 살펴보아요.

실전여행

이 정도 한마디는 핫플레이스에서 꼭 해보아요. 패턴으로 완벽 암기하세요.

⭐ TIP

hay 동사는 영어의 there is/are 표현에 쓰이는 '있다'라는 뜻의 동사이며, 동사변화를 하지 않고 hay 하나의 형태로만 사용한다. (단, 시제에 따른 변화는 이룬다. *예: 과거, 현재, 미래)

¿Qué hay ~? 무엇이 있나요?

- **¿Qué hay en Madrid?**
  마드리드에는 무엇이 있나요?

- **¿Qué hay cerca de aquí?**
  여기 근처에 무엇이 있나요?

- **¿Qué hay dentro de su bolso?**
  당신의 가방 안에 무엇이 있나요?

- **¿Qué hay en este edificio?**
  이 건물에는 무엇이 있나요?

- **¿Qué hay fuera del edificio?**
  건물 밖에는 무엇이 있나요?

핫플레이스에서 대화한 내용을
떠올리며 빈칸을 채워보세요.

1

A : ¿Qué _____ en el Museo del Prado?

B : Hay _____ de Goya, Velázquez y El
Greco.

A : 프라도 박물관에 무엇이 있나요?

B : 고야, 벨라스케스, 엘 그레코의 작품들이 있어요.

2

A : ¿Qué obra es la más _____?

B : Es "Las meninas" de Diego Velázquez.

A : 어떤 작품이 가장 유명해요?

B : 디에고 벨라스케스의 "시녀들"이에요.

3

A : ¿Qué _____ tiene el museo?

B : Se abre _____ las 10(diez) y _____
las 8(ocho).

A : 박물관 운영시간은 어떻게 되나요?

B : 10시부터 8시까지 열려 있습니다.

정답

1 hay, obras

2 famosa

3 horario, desde, hasta

31

01 마드리드 (Madrid) – 마드리드 왕궁 (Palacio Real de Madrid)

¿Cómo puedo llegar~?   어떻게 가나요?

- ¿_____ _____ _____ a la calle Bailen?
  바일렌 거리에 어떻게 가나요?

- ¿Cómo puedollegar _____ Palacio Real de Madrid?
  마드리드 궁전에 어떻게 가나요?

- ¿Cómo puedo llegar a la parada de _____?
  버스 정류장에 어떻게 가나요?

- ¿Cómo puedo llegar a _____ _____ de taxi?
  택시 정류장에 어떻게 가나요?

- ¿Cómo puedo llegar a _____ _____?
  역에 어떻게 가나요?

정답
· Cómo puedo llegar
· al
· autobús
· la parada
· la estación

02 마드리드 (Madrid) – 산 미겔 시장 (Mercado de San Miguel)

¿Qué es ~?   무엇인가요?

- ¿Qué es _____?
  이것 무엇인가요?

- ¿Qué _____ eso?
  그거 뭐예요?

- ¿_____ _____ es aquello?
  저건 무엇인가요?

- ¿Qué es esta _____?
  이 음식은 뭐예요?

- ¿Qué es este _____?
  이 물건은 뭐예요?

정답
· esto
· es
· Qué es
· comida
· objeto

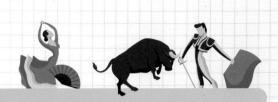

A : ¿Cómo puedo llegar al aeropuerto?

B : Hay servicio de minibus para el aeropuerto en este hotel.

A : ¿Qué horario tiene?

B : Aquí tiene el horario.

A : 공항까지 어떻게 가나요?

B : 이 호텔에 공항행 셔틀버스 서비스가 있어요.

A : 운행시간이 어떻게 돼요?

B : 운행표 여기 있습니다.

단어

· aeropuerto 공항

A : ¿Qué es esta comida?

B : Es paella, arroz frito con pollo y frutos del mar.

A : ¿Es salada?

B : Para mí, no. Pero puede ser.

A : 이 음식은 뭐예요?

B : 파에야예요, 닭고기와 해산물이 들어간 볶음밥이에요.

A : 짠가요?

B : 저한테는 아니지만, 그럴 수 있어요.

단어

· arroz 쌀
· frito 튀긴
· pollo 닭
· fruto 과일
· mar 바다

다음 빈칸에 들어갈 내용을 떠올리며
앞서 다녀온 핫플레이스를 다시 기억해보세요.

03

마드리드 (Madrid) – 푸에르타 델 솔 광장 (Puerta del Sol)

¿Dónde está ~?   어디에 있나요?

- ¿_____ _____ la estación Atocha?
  아토차 역은 어디에 있나요?

- ¿Dónde está el _____ Botín?
  이 근처에 보틴 레스토랑이 어디에 있나요?

- ¿Dónde están las cafeterías _____?
  그 인기 있는 카페들이 어디에 있나요?

- ¿Dónde está la _____ _____ oso en la Puerta del Sol?
  솔 광장에 곰 동상이 어디에 있어요?

- ¿Dónde está el _____ _____ Prado?
  프라도 미술관은 어디에 있나요?

정답
- Dónde está
- restaurante
- populares
- estatua del
- Museo del

04

마드리드 (Madrid) – 프라도 미술관 (Museo de Prado)

¿Qué hay ~?   무엇이 있나요?

- ¿_____ _____ en Madrid?
  마드리드에는 무엇이 있나요?

- ¿Qué hay cerca de _____?
  여기 근처에 무엇이 있나요?

- ¿Qué hay _____ _____ su bolso?
  당신의 가방 안에 무엇이 있나요?

- ¿Qué hay en este _____?
  이 건물에는 무엇이 있나요?

- ¿Qué hay _____ _____ edificio?
  건물 밖에는 무엇이 있나요?

정답
- Qué hay
- aquí
- dentro de
- edificio
- fuera del

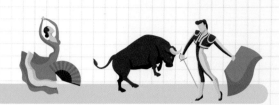

A : ¿Dónde está su alojamiento?

B : Está en la calle del Carmen.

A : ¿Está cerca de la Puerta del Sol?

B : Sí. Está muy cerca.

A : 숙소는 어디에 있어요?

B : 까르멘 거리에 있어요.

A : 솔 광장과 가까운가요?

B : 네. 아주 가까워요.

단어

• alojamiento 숙소
• calle 거리

A : ¿Qué hay en Madrid?

B : El Museo Reina Sofía, la Plaza Mayor, el Mercado de San Miguel, etcétera.

A : ¿Cuál es su lugar favorito en Madrid?

B : El Parque del Retiro.

A : 마드리드에는 무엇이 있나요?

B : 레이나 소피아 미술관, 마요르 광장, 산미겔 시장 등등이 있어요.

A : 마드리드에서 당신이 가장 좋아하는 장소는 무엇인가요?

B : 레티로 공원이에요.

단어

• etcétera 기타 등등
• lugar 장소

마드리드 (Madrid)
– 레티로 공원 (Parque del Retiro)

05

오늘 배울 표현은 **얼마나 걸려요?**

15,000여 그루의 나무가 심어져 있어 '마드리드의 허파'라고 불리는 레티로 공원은 둘레 4km, 크기 1.4km²의 큰 면적을 지닌 아름다운 공원이다. 본래 16세기 펠리페 2세가 자신의 두번째 부인이었던 영국의 튜더 메리 여왕을 위해 세운 레티로 별궁의 정원이었는데 현재는 궁은 거의 파괴되고 공원만 남았다. 2021년 7월 25일부로 Paseo del Prado(파세오 델 프라도)와 함께 유네스코 세계 문화 유산으로 인정받고 있다. 주위에 프라도 미술관, 레이나 소피아 미술관이 위치하고 있어 미술관 관람 전후로 산책하기 좋은 장소이다. 공원 중심에 보트를 탈 수 있는 인공 호수가 있으며 '기억의 숲'과 '크리스탈 궁전' 또한 놓치지 않아야 할 명소이다. 바쁜 관광 중에 잠시 레티로 공원에 들러 편안한 휴식과 재충전의 시간을 가져보는 것도 좋을 것이다.

출처 - 마드리드 관광 공식 홈페이지(esmadrid.com)

미리보기

이번 핫플레이스에서는
어떤 대화를 하는지
먼저 살펴볼까요?

원어민의 음성을 들어보세요.

Spain_05.mp3

1

A : ¿Está cerca de aquí el Parque del Retiro?
B : Sí. Está cerca.

2

A : ¿Cuánto tiempo se tarda a pie?
B : Más o menos, 10(diez) minutos.

3

A : ¿Es hermoso el parque?
B : Claro que sí.

1

A : 이 근처에 레티로 공원이 있나요?
B : 네. 가까이에 있어요.

2

A : 걸어서 얼마나 걸리나요?
B : 대략, 10분이요.

3

A : 공원이 아름다운가요?
B : 당연하죠.

준비하기

오늘의 주요 단어입니다.
학습을 시작하기 전에
단어부터 살펴보아요.

- parque 공원
- aquí 여기
- cerca 가까이에
- cerca de ~근처에
- cuánto 얼마나 많은/많이 (how many/much)
- tiempo 시간, 날씨
- tarda 걸리다(tardar)
- a pie 걸어서
- más o menos 대략
- minuto 분
- hermoso 아름다운
- claro 당연한

실전여행

이 정도 한마디는
핫플레이스에서 꼭 해보아요.
패턴으로 완벽 암기하세요.

¿Cuánto tiempo se tarda~? 얼마나 걸려요?

- ¿Cuánto tiempo se tarda en llegar al parque?

  공원에 도착하는 데 얼마나 걸려요?

- ¿Cuánto tiempo se tarda en autobús?

  버스로 얼마나 걸려요?

- ¿Cuánto tiempo se tarda en taxi?

  택시로 얼마나 걸려요?

- ¿Cuánto tiempo se tarda desde aquí?

  여기서부터 얼마나 걸려요?

- ¿Cuánto tiempo se tarda hasta allí?

  거기까지 얼마나 걸려요?

⭐ TIP

'Cuánto tiempo se tarda~' 표현은 en 전치사와 함께 '~하는 데' 시간이 얼마나 걸리는지 묻는 표현으로 사용 가능하다. 이 때 cuánto는 '얼마나'라는 의미의 의문사이며, tiempo는 '시간', tardar 동사는 '(시간이) 걸리다'라는 의미로서 사용되고 있다. 또한 en은 영어의 in에 해당하는 전치사이다. 해당 구문에서는 'en + 동사원형'일 때, '(동사)하는데' 얼마의 시간이 걸리다는 의미로 활용하고 있고, 'en + 교통수단'일 때는 '(교통수단)~를 타고'라는 의미로 사용한다.

38

➡ 핫플레이스에서 대화한 내용을
떠올리며 빈칸을 채워보세요.

1

A : ¿Está _____ _____ _____ el
   Parque del Retiro?

B : Sí. Está cerca.

A : 이 근처에 레티로 공원이 있나요?

B : 네. 가까이에 있어요.

2

A : ¿_____ _____ _____ tarda a pie?

B : Más o menos, 10(diez) minutos.

A : 걸어서 얼마나 걸리나요?

B : 대략, 10분이요.

3

A : ¿Es _____ el parque?

B : _____ que sí.

A : 공원이 아름다운가요?

B : 당연하죠.

핫플레이스 스페인어 여행

마드리드 근교 도시

마드리드 근교 도시

11 살라망카 대성당

12 마요르 광장

세고비아

10 로마노 다리

09 알카사르 성

08 로마 대수교

톨레도

06 톨레도 대성당

07 미라도르 전망대

톨레도 (Toledo)
– 톨레도 대성당 (Catedral de Toledo)

오늘 배울 표현은 **왜 유명해요?**

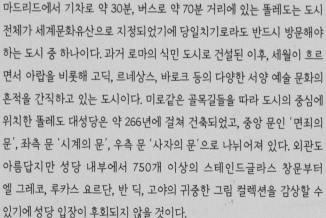

마드리드에서 기차로 약 30분, 버스로 약 70분 거리에 있는 톨레도는 도시 전체가 세계문화유산으로 지정되었기에 당일치기로라도 반드시 방문해야 하는 도시 중 하나이다. 과거 로마의 식민 도시로 건설된 이후, 세월이 흐르면서 아랍을 비롯해 고딕, 르네상스, 바로크 등의 다양한 서양 예술 문화의 흔적을 간직하고 있는 도시이다. 미로같은 골목길들을 따라 도시의 중심에 위치한 톨레도 대성당은 약 266년에 걸쳐 건축되었고, 중앙 문인 '면죄의 문', 좌측 문 '시계의 문', 우측 문 '사자의 문'으로 나뉘어져 있다. 외관도 아름답지만 성당 내부에서 750개 이상의 스테인드글라스 창문부터 엘 그레코, 루카스 요르단, 반 딕, 고야의 귀중한 그림 컬렉션을 감상할 수 있기에 성당 입장이 후회되지 않을 것이다.

출처 – 마드리드 관광 공식 홈페이지(esmadrid.com)

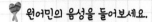이번 핫플레이스에서는
어떤 대화를 하는지
먼저 살펴볼까요?

원어민의 음성을 들어보세요.

Spain_06.mp3

1

A : ¿Por qué es famoso Toledo?
B : Porque toda la ciudad es el Patrimonio
de la Humanidad.

2

A : ¿Cuánto tiempo se tarda desde Madrid?
B : Más o menos 1(una) hora y media.

3

A : ¿Cómo puedo llegar hasta Toledo desde
Madrid?
B : En autobús o en tren.

1

A : 톨레도는 왜 유명해요?
B : 도시 전체가 세계문화유산이기 때문이에요.

2

A : 마드리드에서는 얼마나 걸려요?
B : 대략 1시간 30분 정도요.

3

A : 마드리드에서 톨레도까지 어떻게 가나요?
B : 버스나 기차를 타요.

오늘의 주요 단어입니다.
학습을 시작하기 전에
단어부터 살펴보아요.

- por qué 왜(why)
- porque 왜냐하면(because)
- todo 모든
- ciudad 도시
- Patrimonio de la Humanidad 문화유산
- más o menos 약, 대략
- una hora 한 시간
- desde ~부터
- hasta ~까지
- comida 음식
- vino 와인

실전여행

이 정도 한마디는
핫플레이스에서 꼭 해보아요.
패턴으로 완벽 암기하세요.

☆ TIP

famoso는 '유명한'이라는 형용사이기
때문에 수식을 받는 명사의 성·수와
일치해야 한다. ser 동사 역시 복수
명사를 받아줄 때는 3인칭 복수형
son으로 변한다.

¿Por qué es famoso/a ~? 왜 유명해요?

- ¿Por qué es famosa **la ciudad?**
  그 도시는 왜 유명한가요?

- ¿Por qué es famoso **este objeto?**
  그 물건이 왜 유명해요?

- ¿Por qué es famosa **esta comida?**
  그 음식이 왜 유명해요?

- ¿Por qué es famoso **esto?**
  이것이 왜 유명한가요?

- ¿Por qué son famosos **los vinos?**
  그 와인들이 왜 유명한가요?

핫플레이스에서 대화한 내용을
떠올리며 빈칸을 채워보세요.

1

A : ¿_____ _____ _____ _____
   Toledo?

B : Porque toda la _____ es el Patrimonio
   de la Humanidad.

A : 톨레도는 왜 유명해요?

B : 도시 전체가 세계문화유산이기 때문이에요.

2

A : ¿Cuánto tiempo se tarda _____ Madrid?

B : Más o menos _____ _____ y media.

A : 마드리드에서는 얼마나 걸려요?

B : 대략 1시간 30분 정도요.

3

A : ¿Cómo puedo llegar _____ Toledo
   _____ Madrid?

B : En autobús o en tren.

A : 마드리드에서 톨레도까지 어떻게 가나요?

B : 버스나 기차를 타요.

정답

1 Por qué es famoso, ciudad

2 desde, una hora

3 hasta, desde

07 톨레도 (Toledo)
– 톨레도 전망대 (Mirador del Valle)

▶ 오늘 배울 표현은 ~로 갑시다 (~로 가주세요)

톨레도에서 도시 전체 모습을 관람할 수 있는 '뷰 포인트'로 유명 한 곳은 스페인 국영 호텔인 '파라도르 델 톨레도(Parador del Toledo)'와 '톨레도 전망대(Mirador del Valle)'이다. 두 곳에서 보는 전망은 각기 다른 매력을 가지고 있어 특히 야경을 감상하기에도 최적의 장소이다. 하지만 둘 중 한 곳을 선택한다면 아무래도 누구나 방문할 수 있는 톨레도 전망대에서 오랜 시간 사색에 빠져 보는 것을 추천한다. 톨레도 대성당에서 미라도르 전망대까지는 버스로 약 15분, 택시로 약 8분 정도 거리이기에, 대성당 관람을 마친 후 전망대로 이동해 톨레도의 황홀한 노을과 야경을 감상하는 루트도 추천한다.

출처 - 마드리드 관광 공식 홈페이지(esmadrid.com)

미리보기

이번 핫플레이스에서는
어떤 대화를 하는지
먼저 살펴볼까요?

원어민의 음성을 들어보세요.

Spain_07.mp3

1

A : Vamos al Mirador.

B : Vale.

2

A : ¿Este autobús va al Mirador?

B : Sí. Exacto.

3

A : ¿Cuánto tiempo se tarda?

B : Más o menos 10(diez) minutos.

1

A : 톨레도 전망대로 갑시다.

B : 알겠습니다.

2

A : 이 버스 톨레도 전망대로 가나요?

B : 네. 정확합니다.

3

A : 얼마나 걸리나요?

B : 약 10분 정도요.

준비하기

오늘의 주요 단어입니다.
학습을 시작하기 전에
단어부터 살펴보아요.

• vamos 가자, 갑시다	• tarda 걸리다(tardar)
• a ～에(at)	• más o menos 대략, 약
• vale 알겠다(OK)	• diez 10
• exacto 정확한, 정확해요.	• minuto 분
• cuánto 얼마나 많은/많이 (how many/much)	• hotel 호텔
• tiempo 날씨, 시간	• playa 해변

실전여행

이 정도 한마디는
핫플레이스에서 꼭 해보아요.
패턴으로 완벽 암기하세요.

☆ TIP

vamos는 '가다'라는 의미의 불규칙
동사 ir의 1인칭 복수형이다.
Ir 동사는 voy - vas - va - vamos
- vais - van 으로 변화한다.
전치사 a는 정관사 el과 함께할 경우
al로 축약된다.

Vamos a ~   ～로 갑시다 (～로 가주세요)

- Vamos a la Plaza Mayor.

  마요르 광장에 가주세요.

- Vamos al hotel Sierra.

  시에라 호텔로 갑시다.

- Vamos a la estación de Atocha.

  아토차 역으로 가주세요.

- Vamos al restaurante Amigo.

  아미고 레스토랑으로 가주세요.

- Vamos a la playa.

  해변으로 갑시다.

48

일지쓰기

➡ 핫플레이스에서 대화한 내용을
떠올리며 빈칸을 채워보세요.

1

A : _____ al Mirador.

B : Vale.

A : 톨레도 전망대로 갑시다.

B : 알겠습니다.

2

A : ¿Este autobús va al Mirador?

B : Sí. _____.

A : 이 버스 톨레도 전망대로 가나요?

B : 네. 정확합니다.

3

A : ¿Cuánto tiempo se tarda?

B : _____ _____ _____ 10(diez)
    minutos.

A : 얼마나 걸리나요?

B : 약 10분 정도요.

정답
----

1 Vamos

2 Exacto

3 Más o menos

세고비아 (Segovia)
– 로마 대수교 (Acueducto de Segovia)

08

오늘 배울 표현은 **어때요?**

마드리드에서 버스로 약 1시간 거리에 있는 세고비아는 클래식 기타, 로마 대수교, 백설공주 성으로 유명한 아름다운 도시이다. 그 중 로마 대수교 (Acueducto de Segovia)는 화강암으로 건설된, 로마 시대의 토목 공학 기술을 보여 주는 가장 뛰어난 유적 중 하나이다. 약 2천 년의 역사를 지닌 이 다리는 한때 16km 거리의 물을 운반해 주기도 했다. 죽기 전에 꼭 봐야 할 세계 유적에 선정될 만큼 웅장하고 정교한 모습을 여전히 잘 간직하고 있다. 세고비아에서 꼭 먹어봐야 할 음식으로 유명한 '새끼 돼지 통구이 (Cochinillo Asado, 코치니요 아사도)'는 연하고 부드러운 식감으로 인기가 좋다.

출처 - 마드리드 관광 공식 홈페이지(esmadrid.com)

미리보기

이번 핫플레이스에서는
어떤 대화를 하는지
먼저 살펴볼까요?

원어민의 음성을 들어보세요.

Spain_08.mp3

1

A : ¿Cómo es el Acueducto de Segovia?
B : Es muy alto y grande.

2

A : ¿De qué era es?
B : Del imperio romano.

3

A : ¿Se usa el acueducto ahora?
B : No. Ahora no se usa.

1

A : 세고비아의 로마대수교는 어때요?
B : 정말 높고 커요.

2

A : 어떤 시대의 것인가요?
B : 로마 시대예요.

3

A : 지금도 수도교가 사용되나요?
B : 아니요. 지금은 사용되지 않아요.

오늘의 주요 단어입니다.
학습을 시작하기 전에
단어부터 살펴보아요.

- **cómo** 어떻게(How)
- **es** ~이다(Ser)
- **muy** 아주
- **de** ~의(of), ~로부터(from)
- **alto** 높은
- **grande** 큰
- **era** 시대
- **ahora** 지금
- **usa** 사용하다(usar)
- **asado** 구운
- **tiempo** 날씨, 시간
- **gente** 사람들

실전여행

이 정도 한마디는
핫플레이스에서 꼭 해보아요.
패턴으로 완벽 암기하세요.

☆TIP
'Cómo es ~'는 '~가 어때요?'라는
의미의 표현이며 복수 명사를 받을
때는 'Cómo son'으로 활용한다.

¿Cómo es ~? 어때요?

- **¿Cómo es Segovia?**

  세고비아 어때요?

- **¿Cómo es el cochinillo asado?**

  새끼 돼지 통구이 어때요?

- **¿Cómo es el Alcázar de Segovia?**

  세고비아의 알카사르 성 어때요?

- **¿Cómo es el tiempo en Segovia?**

  세고비아의 날씨는 어떤가요?

- **¿Cómo es la gente de Segovia?**

  세고비아 사람들은 어때요?

핫플레이스에서 대화한 내용을
떠올리며 빈칸을 채워보세요.

1

A : ¿_____ _____ el Acueducto de
      Segovia?

B : Es muy _____ y _____.

A : 세고비아의 로마대수교는 어때요?

B : 정말 높고 커요.

2

A : ¿De qué _____ es?

B : Del imperio Romano.

A : 어떤 시대의 것인가요?

B : 로마 시대예요.

3

A : ¿Se _____ el Acueducto ahora?

B : No. _____ no se usa.

A : 지금도 수도교가 사용되나요?

B : 아니요. 지금은 사용되지 않아요.

정답

1 Cómo es, alto, grande
2 era
3 usa, Ahora

다음 빈칸에 들어갈 내용을 떠올리며
앞서 다녀온 핫플레이스를 다시 기억해보세요.

05

마드리드 (Madrid) – 레티로 공원(Parque del Retiro)

¿Cuánto tiempo se tarda~? **얼마나 걸려요?**

• ¿Cuánto _____ _____ _____ en llegar al parque?

공원에 도착하는 데 얼마나 걸려요?

• ¿Cuánto tiempo se tarda _____ autobús?

버스로 얼마나 걸려요?

• ¿Cuánto tiempo se _____ en taxi?

택시로 얼마나 걸려요?

• ¿Cuánto tiempo se tarda _____ _____?

여기서부터 얼마나 걸려요?

• ¿Cuánto tiempo se tarda _____ _____?

거기까지 얼마나 걸려요?

정답
· tiempo se
tarda
· en
· tarda
· desde aquí
· hasta allí

06

톨레도 (Toledo) – 톨레도 대성당 (Catedral de Toledo)

¿Por qué es famoso/a ~? **왜 유명해요?**

• ¿Por qué es famosa la _____?

그 도시는 왜 유명한가요?

• ¿Por qué es _____ este objeto?

그 물건이 왜 유명해요?

• ¿_____ _____ es famosa esta comida?

그 음식이 왜 유명해요?

• ¿Por qué _____ famoso esto?

이것이 왜 유명한가요?

• ¿Por qué son _____ los vinos?

그 와인들이 왜 유명한가요?

정답
· ciudad
· famoso
· Por qué
· es
· famosos

A : ¿Cuánto tiempo se tarda **en llegar a España?**

B : Más o menos 13(trece) horas.

A : ¡Qué largo!

B : Sí. Es un viaje muy largo.

A : 스페인에 도착하는 데 얼마나 걸려요?

B : 대략 13시간 걸려요.

A : 정말 길군요!

B : 네. 정말 긴 여정이에요.

단어

· viaje 여행
· largo 긴

A : ¿Por qué es famosa **la Catedral de Toledo?**

B : Porque es hermosa y tiene muchos sentidos.

A : ¿Puedo entrar dentro?

B : Sí. Pero debes pagar la entrada.

A : 톨레도 대성당은 왜 유명해요?

B : 아름답기도 하고 많은 의미를 가지고 있기 때문이에요.

A : 안으로 들어갈 수 있나요?

B : 네. 그런데 입장료를 지불해야 해요.

단어

· sentido 의미
· entrar 들어가다
· pagar 지불하다
· entrada 입장(권)

07

톨레도 (Toledo) – 미라도르 전망대 (Mirador del Valle)

Vamos a ~   ~로 갑시다 (~로 가주세요)

- Vamos a la _____ Mayor.
  마요르 광장에 가주세요.

- Vamos _____ Hotel Sierra.
  시에라 호텔로 갑시다.

- _____ _____ la Estación de Atocha.
  아토차 역으로 가주세요.

- Vamos al _____ Amigo.
  아미고 레스토랑으로 가주세요.

- Vamos a la _____.
  해변으로 갑시다.

정답 ··············

· Plaza
· al
· Vamos a
· restaurante
· playa

08

세고비아 (Segovia) – 로마 대수교 (Aqueducto de Segovia)

¿Cómo es ~?   어때요?

- ¿Cómo _____ Segovia?
  세고비아 어때요?

- ¿_____ es el cochinillo asado?
  새끼 돼지 통구이 어때요?

- ¿Cómo es el Alcázar _____ Segovia?
  세고비아의 알카사르 성 어때요?

- ¿Cómo es el _____ en Segovia?
  세고비아의 날씨는 어떤가요?

- ¿Cómo es la _____ de Segovia?
  세고비아 사람들은 어때요?

정답 ··············

· es
· Cómo
· de
· tiempo
· gente

A : Vamos al restaurante Amigo.

B : Vale. ¿Sabe qué significa 'amigo' en español?

A : No lo sé.

B : Significa 'friend'.

A : 아미고 레스토랑으로 가주세요.
B : 알겠습니다. 스페인어로 '아미고'가 무슨 뜻인지 아세요?
A : 몰라요.
B : '프렌드(친구)'라는 뜻이에요.

단어
• significar 의미하다

A : ¿Cómo es el Alcázar de Segovia?

B : Es muy hermoso.

A : Parece un palacio de Disney.

B : Pienso lo mismo.

A : 세고비아의 알카사르 성 어때요?
B : 정말 아름다워요.
A : 디즈니 성 같아요.
B : 저도 같은 생각이에요.

단어
• lo mismo 같은 것

세고비아 (Segovia)
– 알카사르 성 (Alcázar de Segovia)

09 ▶ 오늘 배울 표현은 ~해주실 수 있나요?

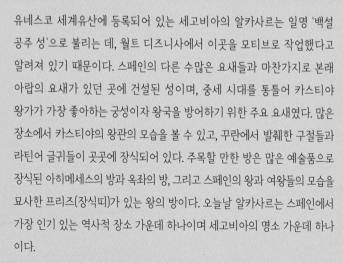

유네스코 세계유산에 등록되어 있는 세고비아의 알카사르는 일명 '백설
공주 성'으로 불리는 데, 월트 디즈니사에서 이곳을 모티브로 작업했다고
알려져 있기 때문이다. 스페인의 다른 수많은 요새들과 마찬가지로 본래
아랍의 요새가 있던 곳에 건설된 성이며, 중세 시대를 통틀어 카스티야
왕가가 가장 좋아하는 궁성이자 왕국을 방어하기 위한 주요 요새였다. 많은
장소에서 카스티야의 왕관의 모습을 볼 수 있고, 꾸란에서 발췌한 구절들과
라틴어 글귀들이 곳곳에 장식되어 있다. 주목할 만한 방은 많은 예술품으로
장식된 아히메세스의 방과 옥좌의 방, 그리고 스페인의 왕과 여왕들의 모습을
묘사한 프리즈(장식띠)가 있는 왕의 방이다. 오늘날 알카사르는 스페인에서
가장 인기 있는 역사적 장소 가운데 하나이며 세고비아의 명소 가운데 하나
이다.

출처 – 마드리드 관광 공식 홈페이지 (esmadrid.com)

이번 핫플레이스에서는
어떤 대화를 하는지
먼저 살펴볼까요?

원어민의 음성을 들어보세요.

Spain_09.mp3

1

A : ¿Podría hacerme una foto?

B : Claro que sí.

2

A : ¿Por aquí está bien?

B : Sí. Perfecto.

3

A : ¿Quiere otra foto?

B : Sí, por favor. Gracias.

1

A : 사진 찍어주실 수 있나요?

B : 당연하죠.

2

A : 이쪽 (방향)으로 괜찮으세요?

B : 네. 완벽합니다.

3

A : 다른 사진도 원하시나요?

B : 네. 부탁드립니다. 감사합니다.

오늘의 주요 단어입니다.
학습을 시작하기 전에
단어부터 살펴보아요.

- **podría** ~해줄 수 있다
  ('poder 할 수 있다'의 공손
  한 표현-조건법)
- **tomar una foto** 사진 찍다
- **dónde** 어디(where)
- **por** ~쪽으로
- **quiere** 원하다(querer)
- **por favor** 부탁합니다(please)
- **otro** 다른
- **foto** 사진
- **llamar** 전화하다, 부르다
- **amigo** 친구
- **hablar** 말하다
- **conmigo** 나와 함께
- **descuento** 할인

실전여행

이 정도 한마디는
핫플레이스에서 꼭 해보아요.
패턴으로 완벽 암기하세요.

☆TIP

'Podría ~'표현은 뒤에 동사원형을
그대로 동반한다.
'Puede(Poder) + 동사원형' 표현으로
사용할 수도 있다. 또한 일반적으로
스페인어의 (생물학적) 명사는 -o로
끝나면 남성명사, -a로 끝나면
여성명사이다. (예외도 존재함)

¿Podría ~? ~해주실 수 있나요?

- **¿Podría llamarme?**
  저한테 전화해주실 수 있으세요?(저를 불러주실 수 있으세요?)

- **¿Podría decirme?**
  저한테 말해주실 수 있나요?

- **¿Podría ser mi amigo/a?**
  제 친구가 되어주실 수 있나요?

- **¿Podría hablar conmigo?**
  저랑 얘기 나눌 수 있나요?

- **¿Podría hacerme un descuento?**
  할인해주실 수 있나요?

일지쓰기

핫플레이스에서 대화한 내용을 떠올리며 빈칸을 채워보세요.

1

A : ¿_____ hacerme una foto?

B : Claro que sí.

A : 저 사진 찍어주실 수 있나요?

B : 당연하죠.

2

A : ¿Por aquí está _____?

B : Sí. Perfecto.

A : 이쪽 (방향)으로 괜찮으세요?

B : 네. 완벽합니다.

3

A : ¿Quiere otra _____?

B : Sí, _____ _____. Gracias.

A : 다른 사진도 원하시나요?

B : 네. 부탁드립니다. 감사합니다.

정답

1 Podría
2 bien
3 foto, por favor

살라망카 (Salamanca)
– 로마노 다리 (Puente Romano)

10

➡ 오늘 배울 표현은 ~하기에 언제가 가장 좋아요?

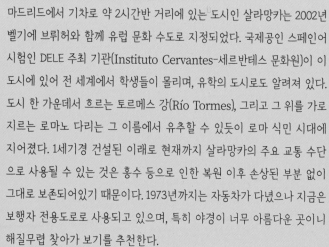

마드리드에서 기차로 약 2시간반 거리에 있는 도시인 살라망카는 2002년 벨기에 브뤼허와 함께 유럽 문화 수도로 지정되었다. 국제공인 스페인어 시험인 DELE 주최 기관(Instituto Cervantes-세르반테스 문화원)이 이 도시에 있어 전 세계에서 학생들이 몰리며, 유학의 도시로도 알려져 있다. 도시 한 가운데서 흐르는 토르메스 강(Río Tormes), 그리고 그 위를 가로 지르는 로마노 다리는 그 이름에서 유추할 수 있듯이 로마 식민 시대에 지어졌다. 1세기경 건설된 이래로 현재까지 살라망카의 주요 교통 수단 으로 사용될 수 있는 것은 홍수 등으로 인한 복원 이후 손상된 부분 없이 그대로 보존되어있기 때문이다. 1973년까지는 자동차가 다녔으나 지금은 보행자 전용도로로 사용되고 있으며, 특히 야경이 너무 아름다운 곳이니 해질무렵 찾아가 보기를 추천한다.

출처 - 살라망카 관광 공식 홈페이지 (salamanca.es)

이번 핫플레이스에서는
어떤 대화를 하는지
먼저 살펴볼까요?

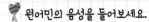원어민의 음성을 들어보세요.

▶ Spain_10.mp3

1

A : ¿Cómo de largo es el Puente Romano de Salamanca?

B : Mide 359(trescientos cincuenta y nueve) metros.

2

A : ¿Cuándo se construyó el puente?

B : En 1626 (mil seiscientos veintiséis), cuenta con varias restauraciones.

3

A : ¿Cuándo es el mejor momento para visitarlo?

B : Al anochecer.

1

A : 살라망카의 로마노 다리는 얼마나 길어요?
B : 359 미터예요.

2

A : 다리가 언제 건축되었나요?
B : 여러 번의 복원 과정을 거쳐, 1626년예요.

3

A : 언제가 방문하기 가장 좋아요?
B : 노을 질 때요.

준비하기

오늘의 주요 단어입니다.
학습을 시작하기 전에
단어부터 살펴보아요.

- largo 긴
- mide 측정하다(medir)
- cuándo 언제
- puente 다리
- metro 미터, 지하철
- se construyó
  건축되었다(construir)
- vario 다양한, 여러 번의
- restauración 복원
- para ~하기에
- al + inf.(동사원형) ~할 때
- pasear 산책하다
- reunión 모임

실전여행

이 정도 한마디는
핫플레이스에서 꼭 해보아요.
패턴으로 완벽 암기하세요.

⭐ TIP

para 전치사는 영어의 전치사 for와
쓰임이 유사하며, '~하기 위해,
~하기에' 등의 의미로 사용되고 뒤에
동사원형을 위치시킬 수 있다.
한편, momento는 '순간',
el mejor는 영어의 'the best'로서
'가장, 최고'라는 의미이다.

¿Cuándo es el mejor momento para ~?
~하기에 언제가 가장 좋아요?

- ¿Cuándo es el mejor momento para **pasear?**

  산책하기에 언제가 가장 좋아요?

- ¿Cuándo es el mejor momento para **tomar una foto?**

  사진 찍기에 언제가 가장 좋아요?

- ¿Cuándo es el mejor momento para **hacer una reunión?**

  모임을 하기에 언제가 가장 좋아요?

- ¿Cuándo es el mejor momento para **llamarlo?**

  당신에게 전화하기에 언제가 가장 좋아요?

- ¿Cuándo es el mejor momento para **encontrarnos?**

  우리가 만나기에 언제가 가장 좋아요?

➡ 핫플레이스에서 대화한 내용을
떠올리며 빈칸을 채워보세요.

1

A : ¿Cómo de _____ _____ el Puente
Romano de Salamanca?

B : Mide 359(trescientos cincuenta y nueve)
_____.

A : 살라망카의 로마노 다리는 얼마나 길어요?

B : 359 미터예요.

2

A : ¿Cuándo _____ _____ el puente?

B : En 1626 (mil seiscientos veintiséis), cuenta
con _____ restauraciones.

A : 다리가 언제 건축되었나요?

B : 여러 번의 복원 과정을 거쳐, 1626년예요.

3

A : ¿Cuándo es el mejor momento para
_____?

B : _____ anochecer.

A : 언제가 방문하기 가장 좋아요?

B : 노을 질 때요.

정답

① largo es, metros
② se construyó, varias
③ visitarlo, Al

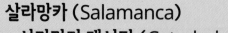

살라망카 (Salamanca)
– 살라망카 대성당 (Catedral de Salamanca)

11

➡ 오늘 배울 표현은 ~해도 되나요?

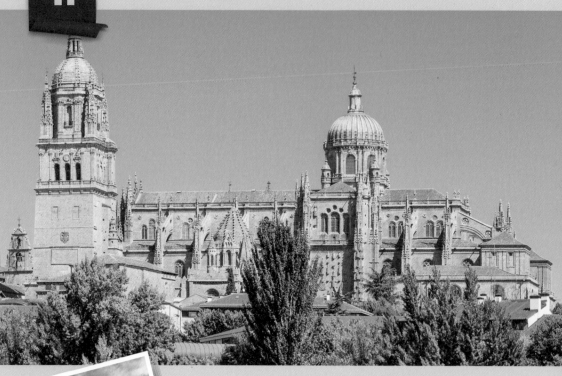

살라망카 대성당은 두 개의 성당이 맞닿아 있어, '한 지붕 두 가족'의 모습을 하고 있다. 즉, 구 대성당과 신 대성당이 함께인 것인데 전자는 12세기에, 후자는 18세기에 완공되었다. 구 대성당의 로마네스크 양식도 괄목할만 하지만, 살라망카의 인구와 경제력이 높아지면서 지어진 신 대성당은 고딕, 르네상스, 바로크 양식이 혼합된 모습으로 약 220년에 걸친 건축 시간을 실감하게 한다. 특히, 신 대성당 외부에는 세계인의 주목을 끄는 조각들이 유명한데 아이스크림을 먹고 있는 파우누스(고대 로마 신화 숲의 신), 우주비행사, 새, 개, 황소 등이다. 타임머신이 실제 존재하는 것이 아니냐는 논란을 가져 온 이 조각들은 사실 1992년 성당 보수를 하면서 조각가 미겔 로메로(Miguel Romero)가 추가한 것으로 밝혀졌다.

출처 – 살라망카 공식 홈페이지(salamanca.es)

미리보기

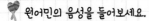
이번 핫플레이스에서는
어떤 대화를 하는지
먼저 살펴볼까요?

원어민의 음성을 들어보세요.

Spain_11.mp3

1

A : ¿De qué estilo es la catedral de Salamanca?

B : Es de estilo gótico.

2

A : ¿Cuándo se construyó la catedral?

B : Se dice en el año 1102 (mil ciento dos).

3

A : ¿Puedo tomar fotos aquí?

B : Sí. Pero sin flash, por favor.

1

A : 살라망카 대성당은 어떤 양식으로 되어 있나요?

B : 고딕 양식이에요.

2

A : 성당이 언제 건축되었나요?

B : 1102년이라고 하더라구요.

3

A : 여기서 사진 찍어도 되나요?

B : 네. 하지만 플래시 없이 부탁드려요.

준비하기

오늘의 주요 단어입니다.
학습을 시작하기 전에
단어부터 살펴보아요.

• estilo 양식	• pero 하지만, 그러나
• catedral 성당	• sin ~없이
• gótico 고딕	• grabar 녹화하다
• se dice(사람들이) ~라고 말한다	• probar 시도해보다
• año 해, 년(도)	• probarse 입어보다
• puedo ~할 수 있다(poder)	• sentarse 앉다
• tomar fotos 사진 찍다	

실전여행

이 정도 한마디는
핫플레이스에서 꼭 해보아요.
패턴으로 완벽 암기하세요.

☆ TIP

poder 동사는 puedo – puedes
– puede – podemos – podéis
– pueden으로 변화하는 불규칙
동사이며 probar 동사는 영어의
to try(~해 보다)와 유사하게 활용할
수 있다. poder 동사는 영어의 to can
동사로서 '~할 수 있다'는 의미이다.

¿Puedo ~? ~해도 되나요?

• **¿Puedo grabar video?**

동영상 촬영해도 되나요?

• **¿Puedo ver esto de cerca?**

가까이서 봐도 되나요?

• **¿Puedo probar esta comida?**

이 음식 먹어봐도 되나요?

• **¿Puedo probarme este abrigo?**

이 외투 입어봐도 되나요?

• **¿Puedo sentarme aquí?**

여기 앉아도 되나요?

핫플레이스에서 대화한 내용을
떠올리며 빈칸을 채워보세요.

1

A : ¿De qué _____ es la catedral de
Salamanca?

B : Es de estilo _____.

A : 살라망카 대성당은 어떤 양식으로 되어 있나요?

B : 고딕 양식이에요.

2

A : ¿Cuándo se _____ la catedral?

B : _____ _____ en el año 1102 (mil
ciento dos).

A : 성당이 언제 건축되었나요?

B : 1102년이라고 하더라구요.

3

A : _____ tomar fotos aquí?

B : Sí. Pero _____ flash, por favor.

A : 여기서 사진 찍어도 되나요?

B : 네. 아시만 플래시 없이 부탁드려요.

살라망카 (Salamanca)
– 마요르 광장 (Plaza Mayor de Salamanca)

12

➡️ 오늘 배울 표현은 **언제 사람이 많아요?**

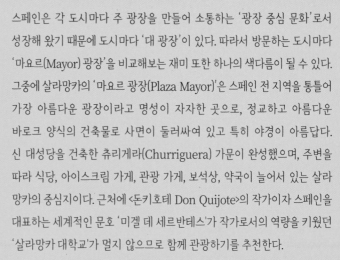

스페인은 각 도시마다 주 광장을 만들어 소통하는 '광장 중심 문화'로서 성장해 왔기 때문에 도시마다 '대 광장'이 있다. 따라서 방문하는 도시마다 '마요르(Mayor) 광장'을 비교해보는 재미 또한 하나의 색다름이 될 수 있다. 그중에 살라망카의 '마요르 광장(Plaza Mayor)'은 스페인 전 지역을 통틀어 가장 아름다운 광장이라고 명성이 자자한 곳으로, 정교하고 아름다운 바로크 양식의 건축물로 사면이 둘러싸여 있고 특히 야경이 아름답다. 신 대성당을 건축한 츄리게라(Churriguera) 가문이 완성했으며, 주변을 따라 식당, 아이스크림 가게, 관광 가게, 보석상, 약국이 늘어서 있는 살라망카의 중심지이다. 근처에 <돈키호테 Don Quijote>의 작가이자 스페인을 대표하는 세계적인 문호 '미겔 데 세르반테스'가 작가로서의 역량을 키웠던 '살라망카 대학교'가 멀지 않으므로 함께 관광하기를 추천한다.

출처 - 살라망카 공식 홈페이지(salamanca.es)

이번 핫플레이스에서는
어떤 대화를 하는지
먼저 살펴볼까요?

원어민의 음성을 들어보세요.

Spain_12.mp3

1

A : Creo que la Plaza Mayor de Salamanca es la mejor.
B : Sí. De acuerdo.

2

A : ¿Cuándo hay mucha gente en la plaza?
B : Sobre todo, la Navidad y el Año Nuevo.

3

A : ¿Qué te gusta hacer en la Plaza Mayor?
B : Me gusta ver a la gente.

1

A : 살라망카의 대광장이 최고라고 생각해요.
B : 네. 동의합니다.

2

A : 광장에 언제 사람이 많아요?
B : 특히, 크리스마스와 새해에요.

3

A : 대광장에서 뭐 하는 걸 좋아해요?
B : 사람들을 보는 걸 좋아해요.

준비하기

오늘의 주요 단어입니다.
학습을 시작하기 전에
단어부터 살펴보아요.

- creo que
  나는 ~(que 이하)생각한다
- plaza mayor 대광장
- el mejor/la mejor 최고(남/녀)
- de acuerdo 동의해요
- mucho 많은
- gente 사람들

- Navidad 크리스마스
- Año Nuevo 새해
- te gusta 네가 좋아하다
  (너에게 즐거움을 주다)
- hacer 하다
- me gusta 내가 좋아하다
- ver 보다

실전여행

이 정도 한마디는
핫플레이스에서 꼭 해보아요.
패턴으로 완벽 암기하세요.

☆ TIP

지시형용사는 '이'라는 의미의
este/esta, '그'는 ese/esa,
'저'는 aquel/aquella이며,
지시대명사(이것, 그것, 저것)의
경우에도 형태가 같다.

¿Cuándo hay mucha gente ~?
언제 사람이 많아요?

- ¿Cuándo hay mucha gente **aquí?**

  여기에 언제 사람이 많아요?

- ¿Cuándo hay mucha gente **ahí?**

  거기에 언제 사람이 많아요?

- ¿Cuándo hay mucha gente **allí?**

  저기에 언제 사람이 많아요?

- ¿Cuándo hay mucha gente **en este lugar?**

  이 장소에 언제 사람이 많아요?

- ¿Cuándo hay mucha gente **en esa zona?**

  그 구역에 언제 사람이 많아요?

➡ 핫플레이스에서 대화한 내용을
떠올리며 빈칸을 채워보세요.

1

A : Creo que la Plaza Mayor de Salamanca es

_____ _____.

B : _____. De acuerdo.

A : 살라망카의 대광장이 최고라고 생각해요.

B : 네. 동의합니다.

2

A : ¿Cuándo hay _____ gente en la plaza?

B : Sobre todo, _____ _____ y el Año
Nuevo.

A : 광장에 언제 사람이 많아요?

B : 특히, 크리스마스와 새해에요.

3

정답

① la mejor, Sí
② mucha, la Navidad
③ hacer, ver

A : ¿Qué te gusta _____ en la Plaza Mayor?

B : Me gusta _____ a la gente.

A : 대광장에서 뭐 하는 걸 좋아해요?

B : 사람들을 보는 걸 좋아해요.

09

세고비아 (Segovia) – **알카사르 성** (Alcázar de Segovia)

¿Podría ~? ~해주실 수 있나요?

- ¿Podría _____?
  저한테 전화해주실 수 있나요? (저를 불러주실 수 있나요?)

- ¿_____ decirme?
  저한테 말해주실 수 있나요?

- ¿Podría ser mi _____?
  제 친구가 되어주실 수 있나요?

- ¿Podría hablar _____?
  저랑 얘기 나눌 수 있나요?

- ¿Podría hacerme un _____?
  할인해주실 수 있나요?

정답

· llamarme
· Podría
· amigo/a
· conmigo
· descuento

10

살라망카 (Salamanca) – **로마노 다리** (Puente Romano)

¿Cuándo es el mejor momento para ~? ~하기에 언제가 가장 좋아요?

- ¿Cuándo es el mejor momento para _____?
  산책하기에 언제가 가장 좋아요?

- ¿Cuándo es el mejor momento para _____ _____ _____?
  사진 찍기에 언제가 가장 좋아요?

- ¿Cuándo es el mejor momento para _____ _____ _____?
  모임을 하기에 언제가 가장 좋아요?

- ¿Cuándo es el mejor momento para _____?
  당신에게 전화하기에 언제가 가장 좋아요?

- ¿Cuándo es el mejor momento para _____?
  우리가 만나기에 언제가 가장 좋아요?

정답

· pasear
· tomar una
  foto
· hacer una
  reunión
· llamarle
· encontrarnos

A : ¿Podría hacerme descuento?

B : Lo siento. No puedo.

A : Por favor. Un poquito.

B : Pues... Vale.

A : 할인해주실 수 있으세요?

B : 죄송합니다. 불가능해요.

A : 부탁드려요. 조금만요.

B : 흠... 알겠습니다.

단어

· descuento 할인
· un poquito 조금. 약간

A : ¿Cuándo es el mejor momento para venir aquí?

B : Creo que en primavera.

A : ¿Por qué?

B : Porque hay muchas flores.

A : 여기 방문하기에 언제가 가장 좋아요?

B : 봄이라고 생각해요.

A : 왜요?

B : 많은 꽃들이 있기 때문이에요.

단어

· primavera 봄
· flor 꽃

75

11

살라망카 (Salamanca) **– 살라망카 대성당** (Catedral de Salamanca)

¿Puedo ~?   ～해도 되나요?

- ¿Puedo grabar _____?
  동영상 촬영해도 되나요?

- ¿Puedo _____ esto de cerca?
  가까이서 봐도 되나요?

- ¿Puedo _____ esta comida?
  이 음식 먹어봐도 되나요?

- ¿Puedo probarme _____ abrigo?
  이 외투 입어봐도 되나요?

- ¿Puedo _____ aquí?
  여기 앉아도 되나요?

정답
· vídeo
· ver
· probar
· este
· sentarme

12

살라망카 (Salamanca) **– 마요르 광장** (Plaza Mayor de Salamanca)

¿Cuándo hay más gente~?   언제 사람이 많아요?

- ¿Cuándo hay más gente _____?
  여기에 언제 사람이 많아요?

- ¿Cuándo hay más gente _____?
  거기에 언제 사람이 많아요?

- ¿Cuándo hay más gente _____?
  저기에 언제 사람이 많아요?

- ¿Cuándo hay más gente en este _____?
  이 장소에 언제 사람이 많아요?

- ¿Cuándo hay más gente en esa _____?
  그 구역에 언제 사람이 많아요?

정답
· aquí
· ahí
· allí
· lugar
· zona

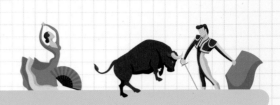

A : Disculpe, ¿puedo sentarme aquí?

B : Lo siento. Está ocupado.

A : Entonces, ¿este está libre?

B : Sí, sí. Puede sentarse ahí.

A : 실례합니다, 여기 앉아도 되나요?

B : 죄송해요. 자리가 있어요.

A : 그럼, 여기는 비었나요?

B : 네, 네. 거기 앉으셔도 되세요.

단어

· ocupado 사용중인,
　　　　 점유된
· libre 자유로운, 비어있는

A : ¿Cuándo hay más gente aquí?

B : Pues, al anochecer, creo.

A : Ah, es porque el paisaje es muy bonito.

B : Sí. Estamos en un punto bastante alto.

A : 여기에 언제 사람이 많아요?

B : 글쎄요, 노을 질 때요, 제 생각에는요.

A : 아, 풍경이 너무 예뻐서 그렇군요.

B : 네. 저희는 꽤 높은 지점에 있지요.

단어

· paisaje 풍경
· punto 점, 지점
· bastante 충분한, 꽤

스페인 북부 - 1

스페인 북부

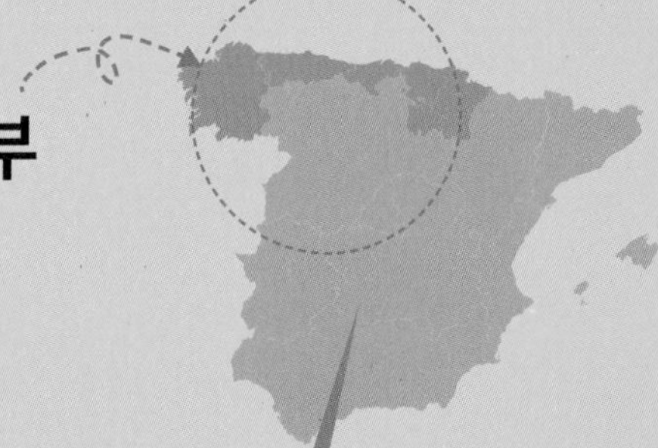

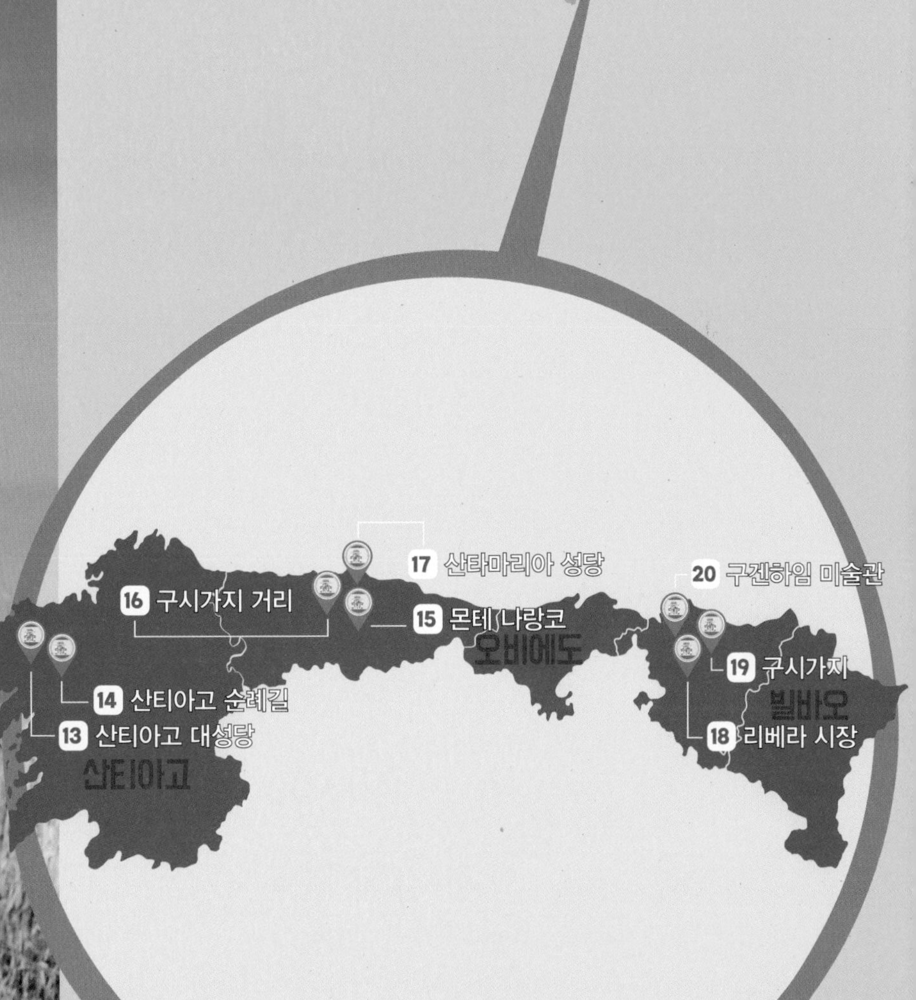

16 구시가지 거리

17 산타마리아 성당

20 구겐하임 미술관

15 몬테 나랑코
오비에도

14 산티아고 순례길

13 산티아고 대성당
산티아고

19 구시가지
빌바오

18 리베라 시장

13 산티아고 데 콤포스텔라 (Santiago de Compostela)
– 산티아고 대성당 (Catedral de Santiago)
➡ 오늘 배울 표현은 **멀리 있나요?**

'산티아고(Santiago)'라는 명칭은 예수님의 열 두 제자 중 한 명인 '야고보'를 의미한다. 스페인에서 포교 활동을 하고 예루살렘으로 돌아가 서기 44년에 순교하였다. 그의 유해는 제자들을 통해 지중해를 건너 스페인 갈리시아 지방으로 보내졌는데, 당시 아스투리아스 왕국의 알폰소 2세는 그의 유해가 발견된 곳에 성당 건립을 명하였고 그것이 바로 지금의 '산티아고 데 콤포스 텔라(Santiago de Compostela)' 이다. '산티아고 대성당(Catedral de Santiago)'은 순례길의 최종 목적지이기도 한 '산티아고 데 콤포스텔라'에 위치해 있어 순례자들에게 가장 기억에 남는 성당 중 하나이다. 지난 여정을 되돌아보며 이곳에 온 목적을 다시 생각하게 하는 긴 휴식을 선물해 주는 장소이기 때문이다. 순례자들의 발걸음이 마지막으로 닿는 이곳은 곧 새로운 시작을 상징하는 장소이기도 해 의미가 깊다.

출처 - 이강혁 - 처음 만나는 스페인 이야기 37 - 지식프레임

이번 핫플레이스에서는
어떤 대화를 하는지
먼저 살펴볼까요?

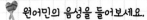 원어민의 음성을 들어보세요.

Spain_13.mp3

1

A : ¿Está lejos desde aquí la Catedral de Santiago?

B : Sí. Un poco lejos.

2

A : ¿Cómo puedo llegar hasta la Catedral de Santiago?

B : A pie, en autobús o en taxi.

3

A : ¿Sabía que en la Catedral está la tumba de Santiago?

B : No lo sabía.

1

A : 산티아고 대성당이 여기서 멀리 있나요?

B : 네. 조금 멀리 있어요.

2

A : 산티아고 대성당까지 어떻게 가나요?

B : 걸어서 가거나 버스나 택시를 타고 가요.

3

A : 산티아고 대성당에 야고보의 무덤이 있는 거 아세요?

B : 그건 몰랐어요.

준비하기

오늘의 주요 단어입니다.
학습을 시작하기 전에
단어부터 살펴보아요.

- lejos 먼
- aquí 여기
- catedral 성당
- poco 조금
- a pie 걸어서
- sabía 알았다(saber)

- tumba 무덤
- bar 바
- plaza 광장
- estación 역
- desde ~부터
- cafetería 카페

실전여행

이 정도 한마디는
핫플레이스에서 꼭 해보아요.
패턴으로 완벽 암기하세요.

☆ TIP

'Está lejos ~' 표현의 반대말은
'~가 가까이 있나요?'라는 의미의
'Está cerca ~'이다.
또한 '~에서부터'라는 표현으로
전치사 de(영어의 of, from) 혹은
desde를 사용할 수 있다.

¿Está lejos ~? 멀리 있나요?

- ¿Está lejos el hotel Cielo?
  호텔 시엘로가 멀리 있나요?

- ¿Está lejos el bar Havana?
  하바나 바가 멀리 있나요?

- ¿Está lejos la plaza desde la catedral?
  성당에서부터 광장이 멀리 있나요?

- ¿Está lejos el restaurante desde el hotel?
  호텔에서부터 레스토랑이 멀리 있나요?

- ¿Está lejos la estación de tren desde la cafetería?
  커피숍에서부터 기차역이 멀리 있나요?

일지쓰기

▶ 핫플레이스에서 대화한 내용을 떠올리며 빈칸을 채워보세요.

1

A : ¿_____ _____ desde aquí la Catedral de Santiago?

B : Sí. Un _____ lejos.

A : 산티아고 대성당이 여기서 멀리 있나요?

B : 네. 조금 멀리 있어요.

2

A : ¿Cómo puedo llegar hasta la _____ de Santiago?

B : _____ _____, en autobús o en taxi.

A : 산티아고 대성당까지 어떻게 가나요?

B : 걸어서 가거나 버스나 택시를 타고 가요.

3

A : ¿Sabía que en la Catedral está la _____ de Santiago?

B : No lo sabía.

A : 산티아고 대성당에 야고보의 무덤이 있는 거 아세요?

B : 그건 몰랐어요.

정답

1 Está lejos, poco

2 Catedral, A pie

3 tumba

산티아고 데 콤포스텔라 (Santiago de Compostela) – 산티아고 순례길 (Camino de Santiago)

14

> 오늘 배울 표현은 **어디에서부터요?**

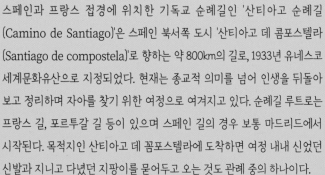

스페인과 프랑스 접경에 위치한 기독교 순례길인 '산티아고 순례길 (Camino de Santiago)'은 스페인 북서쪽 도시 '산티아고 데 콤포스텔라 (Santiago de compostela)'로 향하는 약 800km의 길로, 1933년 유네스코 세계문화유산으로 지정되었다. 현재는 종교적 의미를 넘어 인생을 뒤돌아보고 정리하며 자아를 찾기 위한 여정으로 여겨지고 있다. 순례길 루트로는 프랑스 길, 포르투갈 길 등이 있으며 스페인 길의 경우 보통 마드리드에서 시작된다. 목적지인 산티아고 데 꼼포스텔라에 도착하면 여정 내내 신었던 신발과 지니고 다녔던 지팡이를 묻어두고 오는 것도 관례 중의 하나이다.

출처 - 이강혁 - 처음 만나는 스페인 이야기 37 - 지식프레임

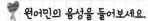
이번 핫플레이스에서는
어떤 대화를 하는지
먼저 살펴볼까요?

원어민의 음성을 들어보세요.

Spain_14.mp3

1

A : ¿De dónde empieza el Camino de Santiago?

B : En España, desde Madrid.

2

A : ¿Vale la pena hacer el Camino de Santiago?

B : Muchísimo.

3

A : ¿Cuántos días se tarda en llegar?

B : Unas 3(tres) semanas.

1

A : 어디에서 산티아고 순례길이 시작되나요?

B : 스페인 내에서는, 마드리드에서부터 요.

2

A : 순례길을 걷는 것이 가치가 있나요?

D : 정말 많이요.

3

A : 도착하는 데 며칠이 걸리나요?

B : 약 3주 정도요.

오늘의 주요 단어입니다.
학습을 시작하기 전에
단어부터 살펴보아요.

- de ~의(of), ~로부터(from)
- camino 길
- empieza 시작하다(empezar)
- vale(valer) la pena
  가치가 있다
- muchísimo 정말 많이

- día 날, 일
- llegar 도착하다
- unos 대략, 약
- semana 주, 일주일
- parte 출발하다(partir)

실전여행

이 정도 한마디는
핫플레이스에서 꼭 해보아요.
패턴으로 완벽 암기하세요.

⭐TIP

전치사 de는 영어의 of 혹은
from의 역할로서, 문맥에 따라
출신('~로부터') 혹은 소유('~의')의
의미로 주로 사용한다.

¿De dónde ~? 어디에서부터요?

- ¿De dónde viene?

  어디서 오시는 거예요?

- ¿De dónde eres?

  어느 나라 사람이세요?

- ¿De dónde parte el autobús?

  버스가 어디서부터 출발해요?

- ¿De dónde empieza el camino?

  길이 어디에서부터 시작되나요?

- ¿De dónde es este vino?

  이 와인은 어디 거인가요?

핫플레이스에서 대화한 내용을
떠올리며 빈칸을 채워보세요.

1

A : ¿De dónde empieza el _____ de
Santiago?

B : En _____, desde Madrid.

A : 어디에서부터 산티아고 순례길이 시작되나요?

B : 스페인에서는, 마드리드에서부터 요.

2

A : ¿_____ _____ _____ hacer el
Camino de Santiago?

B : _____.

A : 순례길을 걷는 것이 가치가 있나요?

B : 정말 많이요.

3

A : ¿Cuántos días se tarda en _____?

B : Unas _____ semanas.

A : 도착하는 데 며칠이 걸리나요?

B : 약 3주 정도요.

정답

① Camino, España
② Vale la pena, Muchísimo
③ llegar, tres

오비에도 (Oviedo) – 몬테 나랑코 (Monte Naranco)

15

오늘 배울 표현은 ~할 예정이다, ~할 것이다

스페인 기독교의 시작점으로 불리는 도시인 오비에도는 서북부 아스투리아스 주에 위치하고 있으며, 순례길의 출발지이자 스페인 최초의 성당 건축지이기도 하다. 주의 주도이자 행정 및 상업의 중심지인 오비에도는 해발 80에서 709미터 사이의 고도에 위치해 있고 해안 기후를 지니고 있다. 이러한 오비에도 시내에서 약 4km 떨어져 있는 몬테 나랑코는 634m 높이의 산이다. 정상까지는 5km 정도의 거리이며 산 정상에는 1950년에 세워진 예수상(Sagrado Corazón de Jesús)이 있다. 브라질 리우데자네이루(Rio de Janeiro)의 예수상에 비하면 작은 크기이지만, 정상에서 주변 경치를 관망하기에 좋다. 특히 노을을 감상하기에도 좋은 장소이다.

출처 - 오비에도 관광 공식 홈페이지 (visitoviedo.info/)

이번 핫플레이스에서는
어떤 대화를 하는지
먼저 살펴볼까요?

원어민의 음성을 들어보세요.

Spain_15.mp3

1

A : ¿Qué vas a hacer hoy?
B : Voy a ir al Monte Naranco.

2

A : ¿Cuándo es el mejor momento para ir ahí?
B : Al anochecer.

3

A : ¿Cuánto tiempo se tarda en llegar?
B : Unos 90(noventa) minutos a pie.

1

A : 오늘 뭐 할 거예요?
B : 몬테 나랑코에 갈 거예요.

2

A : 언제가 거기 가기에 가장 좋은가요?
B : 노을이 질 때요.

3

A : 도착하는 데 얼마나 걸리나요?
B : 걸어서는 대략 90분이요.

준비하기

⮕ 오늘의 주요 단어입니다.
학습을 시작하기 전에
단어부터 살펴보아요.

- **ir a + inf.**(동사원형)
  ~할 것이다, ~할 예정이다
- **hacer** 하다
- **hoy** 오늘
- **mejor** 더 좋은(better)
- **anochecer** 노을지다
- **noventa** 90

- **visitar** 방문하다
- **comer** 먹다
- **algo** 어떤 것(something)
- **descansar** 휴식하다
- **cafetería** 카페
- **viajar** 여행하다

실전여행

⮕ 이 정도 한마디는
핫플레이스에서 꼭 해보아요.
패턴으로 완벽 암기하세요.

☆ TIP

본래 ir 동사는 '가다'라는 의미로
사용하지만, 'ir a + 동사원형' 표현은
'~할 것이다, ~할 예정이다'라는
의미로 사용된다.
ir 동사는 불규칙 동사로서 voy – vas
– va – vamos – vais –van 으로
변화한다.

Voy a + 동사원형 ~할 예정이다, ~할 것이다

- Voy a **visitar el museo.**
  미술관을 방문할 거예요.

- Voy a **comer algo.**
  뭔가를 먹을 예정이에요.

- Voy a **descansar.**
  휴식할 예정이에요.

- Voy a **ir a la cafetería.**
  카페에 갈 거예요.

- Voy a **viajar por Oviedo.**
  오비에도를 여행할 거예요.

1

핫플레이스에서 대화한 내용을
떠올리며 빈칸을 채워보세요.

A : ¿Qué vas a hacer hoy?

B : _____ _____ _____ al Monte
Naranco.

A : 오늘 뭐 할 거예요?

B : 몬테 나랑코에 갈 거예요.

2

A : ¿Cuándo es el _____ momento para ir ahí?

B : Al anochecer.

A : 언제가 거기 가기에 가장 좋은가요?

B : 노을이 질 때요.

3

A : ¿Cuánto tiempo se tarda en llegar?

B : Unos _____ minutos a pie.

A : 도착하는 데 얼마나 걸리나요?

B : 걸어서는 대략 90분이요.

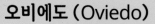

16

오비에도 (Oviedo)
– 구시가지 거리 (Calles del Casco Antiguo de Oviedo)

오늘 배울 표현은 **누구예요?**

아스투리아스 지방의 꽃, 오비에도는 역사와 예술의 향기가 가득한 도시
로써, 매년 과학 기술, 문학, 예술, 스포츠 등 8개 부문에 상을 수여하는
아스투리아스 왕세자상 시상식이 열리는 곳이기도 하다. 오비에도에서
Vicky Christina Barcelona라는 영화를 촬영했던 미국의 영화 감독
'우디 앨런(Woody Allen)'이 이 상을 수상한 적이 있으며 시상식은 구시
가지에 있는 깜뽀아모르 극장(Teatro Campoamor)에서 열린다. 대성당을
포함하여 고풍스러운 분위기의 구시가지를 구석 구석 걸어다니면, 마치 하나의
전시장처럼 곳곳에 위치한 조각상들을 감상하는 즐거움도 느낄 수 있다.

출처 – 오비에도 관광 공식 홈페이지 (visitoviedo.info/)

이번 핫플레이스에서는
어떤 대화를 하는지
먼저 살펴볼까요?

원어민의 음성을 들어보세요.

Spain_16.mp3

1

A : ¿Quién es él?

B : Ah, es Woody Allen.

2

A : ¿Por qué está la estatua de Woody Allen?

B : Porque el escenario de su película es Oviedo.

3

A : ¿Cuál es el título de la película?

B : Es 'Vicky, Christina, Barcelona.'

1

A : 그는 누구예요?

B : 우디 앨런이에요.

2

A : 왜 우디 앨런의 동상이 있어요?

B : 그의 영화 배경이 오비에도이기 때문이에요.

3

A : 영화 제목이 뭐예요?

B : 'Vicky, Christina, Barcelona'예요.

93

- **quién** 누구(Who)
- **es** ~이다(Ser)
- **estatua** 상, 조각상
- **escenario** 무대, 영화 촬영 현장
- **película** 영화
- **título** 제목

- **ella** 그녀(she)
- **él** 그(he)
- **este/esta** 이 사람
- **ese/esa** 그 사람
- **aquel/aquella** 저 사람

오늘의 주요 단어입니다.
학습을 시작하기 전에
단어부터 살펴보아요.

실전여행

이 정도 한마디는
핫플레이스에서 꼭 해보아요.
패턴으로 완벽 암기하세요.

⭐TIP

앞에 있는 상대방에게 직접
'누구세요?'라고 물어볼 때는
¿Quién es?만 사용하면 된다.

¿Quién es ~? 누구예요?

- **¿Quién es este/esta?**

  이 사람(남/여)은 누구예요?

- **¿Quién es ese/esa?**

  그 사람(남/여)은 누구예요?

- **¿Quién es aquél/aquella?**

  저 사람(남/여)은 누구예요?

- **¿Quién es el hombre?**

  그 남자는 누구예요?

- **¿Quién es la mujer?**

  그 여자는 누구예요?

➡️ 핫플레이스에서 대화한 내용을 떠올리며 빈칸을 채워보세요.

1

A : ¿_____ _____ él?

B : Ah, es Woody Allen.

A : 이 동상은 누구예요?

B : 우디 앨런이에요.

2

A : ¿Por qué está la _____ de Woody Allen?

B : Porque el _____ de su película es Oviedo.

A : 왜 우디 앨런의 동상이 있어요?

B : 그의 영화 배경이 오비에도이기 때문이에요.

3

A : ¿Cuál es el _____ de la película?

B : Es 'Vicky, Christina, Barcelona.'

A : 영화 제목이 뭐예요?

B : 'Vicky, Christina, Barcelona' 예요.

정답

1 Quién es

2 estatua, escenario

3 título

기억하기 다음 빈칸에 들어갈 내용을 떠올리며
앞서 다녀온 핫플레이스를 다시 기억해보세요.

13

산티아고 데 콤포스텔라 (Santiago de Compostela) – 산티아고 대성당 (Catedral de Santiago)

¿Está lejos ~?　멀리 있나요?

- ¿Está lejos el _____ Cielo?
  호텔 시엘로가 멀리 있나요?

- ¿Está lejos el _____ Havana?
  하바나 바가 멀리 있나요?

- ¿Está lejos la _____ desde la catedral?
  성당에서부터 광장이 멀리 있나요?

- ¿_____ lejos el restaurante desde el hotel?
  호텔에서부터 레스토랑이 멀리 있나요?

- ¿Está _____ la estación de tren desde la cafetería?
  커피숍에서부터 기차역이 멀리 있나요?

정답
- hotel
- bar
- plaza
- Está
- lejos

14

산티아고 데 콤포스텔라 (Santiago de Compostela) – 산티아고 순례길 (Camino de Santiago)

¿De dónde ~?　어디에서부터요?

- ¿De dónde _____?
  어디서부터 오시는 거예요?

- ¿De dónde _____?
  어느 나라 사람이세요?

- ¿_____ _____ parte el autobús?
  버스가 어디서부터 출발해요?

- ¿De _____ empieza el camino?
  길이 어디에서부터 시작되나요?

- ¿_____ dónde a dónde va la ruta 3?
  루트 3은 어디에서부터 어디로 가나요?

정답
- viene
- eres
- De dónde
- dónde
- De

A : ¿Está lejos la plaza desde la catedral?

B : Pues... no está tan lejos.

A : ¿Cuánto se tarda a pie?

B : Unos quince minutos.

A : 성당에서부터 광장이 멀리 있나요?

B : 흠... 그렇게 멀지는 않아요.

A : 걸어서 얼마나 걸리나요?

B : 대략 15분 정도 걸려요.

단어

• tan 그렇게
• lejos 멀리

A : ¿De dónde es?

B : Soy coreano/a. ¿Y usted?

A : Soy chileno.

B : Mucho gusto.

A : 어느 나라 사람이세요?

B : 한국인이에요. 당신은요?

A : 저는 칠레 사람이에요.

B : 만나서 반가워요.

단어

• coreano/a 한국사람
• chileno/a 칠레사람
• gusto 기쁨, 기호

기억하기 다음 빈칸에 들어갈 내용을 떠올리며
앞서 다녀온 핫플레이스를 다시 기억해보세요.

15

오비에도 (Oviedo) – **몬테 나랑코** (Monte Naranco)

Voy a + 동사원형   ~할 예정이다, ~할 것이다

- Voy a _____ el museo.
  미술관에 방문할 거예요.

- Voy a _____ algo.
  뭔가를 먹을 예정이에요.

- Voy a _____.
  휴식할 예정이에요.

정답

- visitar
- comer
- descansar
- ir
- viajar

- Voy a _____ a la cafetería.
  카페에 갈 거예요.

- Voy a _____ por Oviedo.
  오비에도 여행할 거예요.

16

오비에도 (Oviedo) – **구시가지 거리** (Calles de Casco Viejo del Oviedo)

¿Quién es ~?   누구예요?

- ¿Quién es _____?
  이 사람(남/여)은 누구예요?

- ¿Quién es _____?
  그 사람(남/여)은 누구예요?

- ¿Quién es _____?
  저 사람(남/여)은 누구예요?

정답

- este/esta
- ese/esa
- aquél/aquella
- el hombre
- la mujer

- ¿Quién es _____ _____?
  그 남자는 누구예요?

- ¿Quién es _____ _____?
  그 여자는 누구예요?

 98

A : Voy a comer algo.

B : ¿Tiene mucha hambre?

A : Creo que sí.

B : Entonces, vamos juntos.

A : 뭔가를 먹을 거예요.

B : 많이 배고프세요?

A : 그런 것 같아요.

B : 그럼, 같이 가요.

단어
---
* hambre 배고픔
* entonces 그럼
* juntos 함께

A : ¿Quién es este?

B : Es Miguel de Cervantes.

A : ¿Cervantes, el de 'Don Quijote'?

B : Exacto.

A : 이 사람은 누구예요?

B : 미겔 데 세르반테스예요.

A : '돈키호테'의 세르반테스요?

B : 정확해요.

17

오비에도 (Oviedo)
– 산타 마리아 성당 (Santa María del Naranco)

➡️ 오늘 배울 표현은 **저를 도와주실래요?**

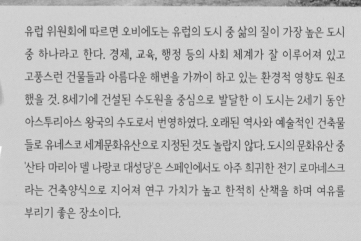

유럽 위원회에 따르면 오비에도는 유럽의 도시 중 삶의 질이 가장 높은 도시 중 하나라고 한다. 경제, 교육, 행정 등의 사회 체계가 잘 이루어져 있고 고풍스런 건물들과 아름다운 해변을 가까이 하고 있는 환경적 영향도 원조했을 것. 8세기에 건설된 수도원을 중심으로 발달한 이 도시는 2세기 동안 아스투리아스 왕국의 수도로서 번영하였다. 오래된 역사와 예술적인 건축물들로 유네스코 세계문화유산으로 지정된 것도 놀랍지 않다. 도시의 문화유산 중 '산타 마리아 델 나랑코 대성당'은 스페인에서도 아주 희귀한 전기 로마네스크라는 건축양식으로 지어져 연구 가치가 높고 한적히 산책을 하며 여유를 부리기 좋은 장소이다.

출처 – 오비에도 관광 공식 홈페이지 (visitoviedo.info/)

이번 핫플레이스에서는
어떤 대화를 하는지
먼저 살펴볼까요?

🎺 원어민의 음성을 들어보세요.

▶ Spain_17.mp3

1

A : ¿Cómo es Oviedo?

B : Es una ciudad muy noble.

2

A : ¿Cómo es la catedral de Santa María?

B : Parece muy simple pero es bonita.

3

A : ¿Podría ayudarme? Es que la bolsa pesa
mucho.

B : Claro. Es mi placer.

1

A : 오비에도는 어때요?

B : 아주 고풍스러운 도시예요.

2

A : 산타 마리아 성당은 어때요?

B : 아주 심플해 보이지만 예뻐요.

3

A : 저를 도와주실래요? 실은 가방이 아주 무거워요.

B : 그럼요. 제 기쁨입니다.

오늘의 주요 단어입니다.
학습을 시작하기 전에
단어부터 살펴보아요.

- noble 고풍적인, 고상한
- parece ~처럼 보이다(parecer)
- bonito 예쁜
- simple 단순한
- ayudar 돕다
- bolso 가방(주로 핸드백)
- bolsa 가방(플라스틱 가방 포함)
- pesa 무게가 나가다(pesar)
- placer 기쁨
- ahora mismo 지금 당장
- luego 나중에

실전여행

이 정도 한마디는
핫플레이스에서 꼭 해보아요.
패턴으로 완벽 암기하세요.

¿Podría ayudarme? 저를 도와주실래요?

TIP

'me'는 직접목적대명사로서,
'나를'이라는 의미로 사용되고
있습니다. 한편, 같은 형태로서
간접목적대명사로 사용된다면
'나에게' 라는 의미로도 사용될 수
있습니다.

- ¿Podría ayudarme ahora?

  지금 저를 도와주실래요?

- ¿Podría ayudarme ahora mismo?

  지금 당장 저를 도와주실래요?

- ¿Podría ayudarme luego?

  나중에 저를 도와주실래요?

- ¿Podría ayudarme un poco?

  저를 조금 도와주실래요?

- ¿Podría ayudarme, por favor?

  제발 저를 도와주실래요?

일지쓰기

➡ 핫플레이스에서 대화한 내용을
떠올리며 빈칸을 채워보세요.

1

A : ¿_____ _____ Oviedo?

B : Es una ciudad muy _____.

A : 오비에도는 어때요?

B : 아주 고풍스러운 도시예요.

2

A : ¿Cómo es la catedral de Santa María?

B : Parece muy _____ pero es _____.

A : 산타 마리아 성당은 어때요?

B : 아주 심플해 보이지만 예뻐요.

3

A : ¿Podría _____? Es que la bolsa pesa
mucho.

B : Claro. Es mi placer.

A : 저를 도와주실래요? 실은 가방이 아주 무거워요.

B : 그럼요. 제 기쁨입니다.

정답

① Cómo es, noble

② simple, bonita

③ ayudarme

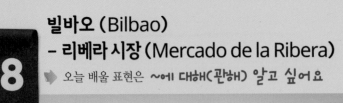

빌바오 (Bilbao)
– 리베라 시장 (Mercado de la Ribera)

18

➡ 오늘 배울 표현은 ~에 대해(관해) 알고 싶어요

스페인에서 10번째로 큰 도시이자 바스크 지역에서 가장 큰 도시인 빌바오는, 바스크 지방의 경제 중심지이자 스페인의 중요한 도시 가운데 한 곳이다. 철강, 에너지 생산, 공작 기계, 항공 산업, 전기 및 IT 산업이 집중되어 있으며 금융 중심지로도 알려져 있다. 현재는 금속과 화학 공업 또한 발달하고 있는 경제력이 강한 도시이다. 빌바오의 구시가지 남쪽에 위치한 리베라 시장은 특별한 쇼핑센터라기보다는 현지 사람들을 위한 시장으로써, 축산물, 수산물, 식료품 등을 현지의 식재료와 식료품을 구경하는 재미가 있는 곳이다. 배를 형상화한 독특한 외관의 모습만큼 내부 또한 화려한 스테인레스 등으로 아름답게 꾸며져 있기 때문에 관광객들이 즐겨 찾는 장소이며, 시장 주변 다리와 어우러진 야경이 아름다워 좋은 뷰 포인트 및 포토 포인트이다.

출처 - 빌바오 관광 공식 홈페이지 (bilbaoturismo.net/)

이번 핫플레이스에서는
어떤 대화를 하는지
먼저 살펴볼까요?

원어민의 음성을 들어보세요.

Spain_18.mp3

1

A : Quiero saber del Mercado de la Ribera.
B : Es un mercado tradicional de Bilbao.

2

A : ¿Cómo es el Mercado de la Ribera?
B : Su exterior tiene vidrieras de cristal.

3

A : ¿Qué hay alrededor del mercado?
B : Hay un río y un puente.

1

A : 리베라 시장에 대해서 알고 싶어요.
B : 빌바오의 전통 시장이에요.

2

A : 리베라 시장은 어때요?
B : 외관에 스테인드 글라스들이 있어요.

3

A : 시장 근처에는 뭐가 있어요?
B : 강과 다리가 있어요.

오늘의 주요 단어입니다.
학습을 시작하기 전에
단어부터 살펴보아요.

- **quiero** 원하다, ~하고 싶다
  (querer)
- **saber** 알다
- **mercado** 시장
- **tradicional** 전통적인, 전통의
- **exterior** 외관
- **vidrieras de cristal**
  스테인드 글라스
- **alrededor de** ~주변에
- **río** 강
- **puente** 다리
- **historia** 역사
- **lugar** 장소

실전여행

이 정도 한마디는
핫플레이스에서 꼭 해보아요.
패턴으로 완벽 암기하세요.

☆ TIP

'más'는 영어의 'more'에 해당하여,
'더'라는 의미로 사용합니다.
한편, 전치사 de 와 남성 정관사 el 이
붙어있게 되면, del 로 축약됩니다.

Quiero saber de ~
~에 대해(관해) 알고 싶어요

- Quiero saber de **Bilbao.**

  빌바오에 대해 알고 싶어요.

- Quiero saber de **la historia de España.**

  스페인의 역사에 대해 알고 싶어요.

- Quiero saber de **este lugar.**

  이 장소에 대해 알고 싶어요.

- Quiero saber de **aquella comida.**

  저 음식에 대해 알고 싶어요.

- Quiero saber **más** de **usted.**

  당신에 대해 더 알고 싶어요.

➡️ 핫플레이스에서 대화한 내용을
떠올리며 빈칸을 채워보세요.

1

A : ¿_____ _____ _____
Mercado de la Ribera.

B : Es un mercado tradicional de Bilbao.

A : 리베라 시장에 대해서 알고 싶어요.

B : 빌바오의 전통 시장이에요.

2

A : ¿Cómo es el Mercado de la Ribera?

B : Su _____ tiene vidrieras de cristal.

A : 리베라 시장은 어때요?

B : 외관에 스테인드 글라스들이 있어요.

3

A : ¿Qué hay _____ _____ mercado?

B : Hay un río y un puente.

A : 시장 근처에는 뭐가 있어요?

B : 강과 다리가 있어요.

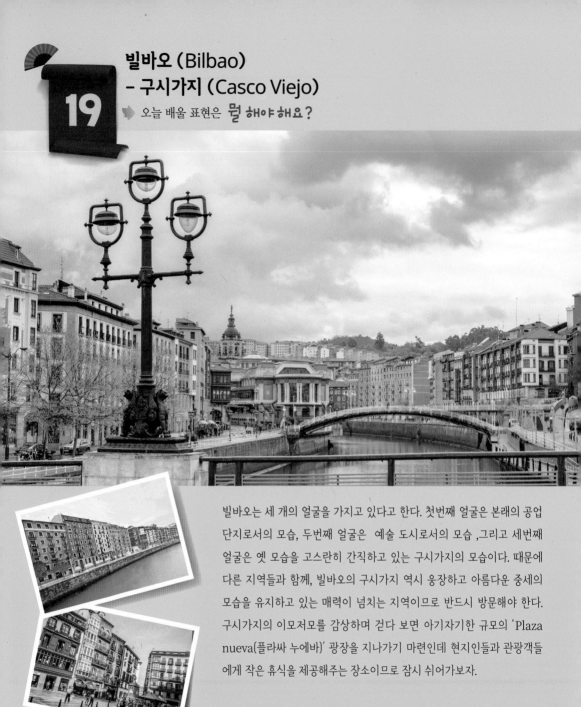

빌바오 (Bilbao)
– 구시가지 (Casco Viejo)

19

오늘 배울 표현은 멀 해야 해요?

빌바오는 세 개의 얼굴을 가지고 있다고 한다. 첫번째 얼굴은 본래의 공업 단지로서의 모습, 두번째 얼굴은 예술 도시로서의 모습, 그리고 세번째 얼굴은 옛 모습을 고스란히 간직하고 있는 구시가지의 모습이다. 때문에 다른 지역들과 함께, 빌바오의 구시가지 역시 웅장하고 아름다운 중세의 모습을 유지하고 있는 매력이 넘치는 지역이므로 반드시 방문해야 한다. 구시가지의 이모저모를 감상하며 걷다 보면 아기자기한 규모의 'Plaza nueva(플라싸 누에바)' 광장을 지나가기 마련인데 현지인들과 관광객들에게 작은 휴식을 제공해주는 장소이므로 잠시 쉬어가보자.

출처 - 빌바오 관광 공식 홈페이지 (bilbaoturismo.net/)

미리보기

이번 핫플레이스에서는
어떤 대화를 하는지
먼저 살펴볼까요?

원어민의 음성을 들어보세요.

Spain_19.mp3

1

A : ¿Qué debo hacer en Bilbao?
B : Debes ir al Museo Guggenheim y al Casco Viejo.

2

A : ¿Cómo es el Casco Viejo?
B : No es muy grande pero es muy lindo.

3

A : ¿Qué hay en el Casco Viejo?
B : Están la Plaza Nueva, las cafeterías y los restaurantes.

1

A : 빌바오에서는 무엇을 해야 하나요?
B : 구겐하임 미술관과 구시가지에 가야 해요.

2

A : 구시가지 어때요?
B : 크지는 않지만 아주 매력적이에요.

3

A : 구시가지에 무엇이 있나요?
B : 누에바 광장, 카페들, 레스토랑들이 있어요.

준비하기

➡️ 오늘의 주요 단어입니다.
학습을 시작하기 전에
단어부터 살펴보아요.

- **debo** ~해야 한다(deber)
- **hacer** 하다
- **casco viejo** 구시가지
- **muy** 아주
- **grande** 큰
- **pero** 그러나
- **lindo** 매력적인
- **ciudad** 도시
- **ahora** 지금
- **para** ~하기 위해
- **entrar** 들어가다
- **mañana** 내일

실전여행

➡️ 이 정도 한마디는
핫플레이스에서 꼭 해보아요.
패턴으로 완벽 암기하세요.

⭐ TIP

deber 동사는 '~해야 한다'라는
의미이며 (나) debo – (너) debes
– (그, 그녀, 당신) debe – (우리)
debemos – (너희) debéis –
(그들, 그녀들, 당신들) deben으로
동사변화를 한다.

¿Qué debo hacer ~? 뭘 해야 해요?

- **¿Qué debo hacer en esta ciudad?**

  이 도시에서는 뭘 해야 해요?

- **¿Qué debo hacer en este lugar?**

  이 장소에서는 뭘 해야 해요?

- **¿Qué debo hacer ahora?**

  지금 뭘 해야 해요?

- **¿Qué debo hacer para entrar?**

  들어가기 위해서 뭘 해야 해요?

- **¿Qué debo hacer mañana?**

  내일 뭐 해야 해요?

➡ 핫플레이스에서 대화한 내용을
떠올리며 빈칸을 채워보세요.

1

A : ¿_____ _____ _____ en
    Bilbao?

B : Debes ir al Museo Guggenheim y al Casco
    Viejo.

A : 빌바오에서는 무엇을 해야 하나요?

B : 구겐하임 미술관과 구시가지에 가야 해요.

2

A : ¿Cómo es el Casco Viejo?

B : No es muy _____ pero es muy
    _____.

A : 구시가지 어때요?

B : 크지는 않지만 아주 매력적이에요.

3

A : ¿Qué hay en el _____ _____?

B : Están la Plaza Nueva, las cafeterías y los
    restaurantes.

A : 구시가지에 무엇이 있나요?

B : 누에바 광장, 카페들, 레스토랑들이 있어요.

정답

1 Qué debo hacer
2 grande, lindo
3 Casco Viejo

20

빌바오 (Bilbao)
– 구겐하임 박물관 (Museo Guggenheim)

➡ 오늘 배울 표현은 **몇 시에 ~하나요?**

스페인 북부 해안에 있는 항구 도시인 '빌바오'는 '산 아래에 있는 도시'라는 뜻이다. 빌바오가 예술의 도시로서 명성을 갖게 된 큰 계기는 바로 구겐하임 미술관의 건축이다. 1997년 세계적인 미술 재단 구겐하임이 설립한 이 미술관은 이후 빌바오를 '미술의 도시' 또는 '예술의 도시'로 불리도록 만들어 주었다. 미술관의 외관 전체가 티타늄으로 덮여 있으며, 전체적인 배치가 무질서해 보이기도 하지만 사실은 조각 맞추기처럼 일정한 규칙하에 체계적으로 지어져 있다. 스페인뿐만 아니라 유럽과 미국 등 세계 각국의 현대 미술을 발빠르게 접할 수 있는 장소로 자리 잡았으니 이 분야에 관심 있는 사람이라면 빠뜨리지 말고 꼭 방문해 보자.

출처 - 빌바오 관광 공식 홈페이지 (bilbaoturismo.net/)

미리보기

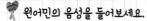이번 핫플레이스에서는
어떤 대화를 하는지
먼저 살펴볼까요?

원어민의 음성을 들어보세요.

Spain_20.mp3

1

A : ¿A qué hora se abre el Museo Guggenheim?
B : A las 10(diez) de la mañana.

2

A : ¿Se abre toda la semana el museo?
B : No. No abre el lunes.

3

A : ¿Cuánto es el precio de entrada?
B : 11(once) con 5(cinco) céntimos para los
    adultos.

1

A : 구겐하임 미술관은 몇 시에 열어요?
B : 오전 10시예요.

2

A : 미술관이 일주일 내내 여나요?
B : 아니요. 월요일에는 열지 않아요.

3

A : 입장료는 얼마예요?
B : 성인 11.5유로입니다.

오늘의 주요 단어입니다.
학습을 시작하기 전에
단어부터 살펴보아요.

- **a qué hora** 몇 시에
- **mañana** 오전, 내일
- **abre** 열다(abrir)
- **todo** 모든
- **lunes** 월요일
- **precio de entrada** 입장료
- **adulto** 성인
- **encontrarse** 만나다
- **parte** 출발하다(partir)
- **empieza** 시작하다(empezar)
- **espectáculo** 공연

실전여행

이 정도 한마디는
핫플레이스에서 꼭 해보아요.
패턴으로 완벽 암기하세요.

⭐TIP

A qué hora(At what time) ~'
표현에서 전치사를 dedse(~부터)나
hasta(~까지)로 바꾸어
'Desde qué hora(몇 시부터) ~' 혹은
'Hasta qué hora(몇 시까지) ~'라는
표현으로도 활용할 수 있다.

¿A qué hora ~? 몇 시에 ~하나요?

- **¿A qué hora se cierra el museo?**
  미술관이 몇 시에 닫나요?

- **¿A qué hora nos encontramos?**
  몇 시에 우리 만날까요?

- **¿A qué hora parte el tren?**
  기차가 몇 시에 출발해요?

- **¿A qué hora se abre el restaurante?**
  레스토랑이 몇 시에 열어요?

- **¿A qué hora empieza el espectáculo?**
  공연이 몇 시에 시작해요?

일지쓰기

핫플레이스에서 대화한 내용을
떠올리며 빈칸을 채워보세요.

1

A : ¿_____ _____ _____ se
　　abre el Museo Guggenheim?

B : A las _____ de la mañana.

A : 구겐하임 미술관은 몇 시에 열어요?

B : 오전 10시예요.

2

A : ¿Se abre _____ la semana el museo?

B : No. No abre el _____.

A : 미술관이 일주일 내내 여나요?

B : 아니요. 월요일에는 열지 않아요.

3

A : ¿Cuánto es el _____ _____ _____?

B : 11(once) con 5(cinco) céntimos para los
　　_____ _____.

A : 입장료는 얼마예요?

B : 성인 11.5유로입니다.

정답

1 A qué hora, 10(diez)
2 toda, lunes
3 precio de entrada, los adultos.

115

17

오비에도 (Oviedo) – 산타 마리아 성당 (Santa María del Naranco)

¿Podría ayudarme?　저를 도와주실래요?

- ¿Podría ayudarme _____?
  지금 저를 도와주실래요?

- ¿Podría ayudarme _____ _____?
  지금 당장 저를 도와주실래요?

- ¿Podría ayudarme _____ ?
  나중에 저를 도와주실래요?

- ¿Podría ayudarme _____ _____?
  저를 조금 도와주실래요?

- ¿Podría ayudarme, _____ _____?
  제발 저를 도와주실래요?

정답
· ahora
· ahora mismo
· luego
· un poco
· por favor

18

빌바오 (Bilbao) – 리베라 시장 (Mercado de la Ribera)

Quiero saber de ~　～에 대해(관해) 알고 싶어요

- Quiero saber _____ Bilbao.
  빌바오에 대해 알고 싶어요.

- Quiero saber de _____ _____ de España.
  스페인의 역사에 대해 알고 싶어요.

- Quiero saber de _____ _____.
  이 장소에 대해 알고 싶어요.

- Quiero saber de _____ _____.
  저 음식에 대해 알고 싶어요.

- Quiero saber más de _____.
  당신에 대해 더 알고 싶어요.

정답
· de
· la historia
· este lugar
· aquella
  comida
· usted

A : ¿Podría ayudarme ahora mismo?

B : ¿Qué pasa?

A : No puedo caminar ni un paso.

B : Ahora mismo te ayudo.

A : 지금 당장 저를 도와주실래요?

B : 무슨 일이에요?

A : 한 걸음도 걷지 못하겠어요.

B : 지금 바로 도와드릴게요.

단어

· ni ~도 아니다
· paso 걸음
· ayudar 돕다

A: Quiero saber de aquella comida.

B: Se llama ´Tortilla´

A: ¿Qué contiene?

B: Patatas, cebolla y huevos.

A: 저 음식에 대해 알고 싶어요.

B: '토르티야'라고 해요.

A: 무엇을 포함하고 있나요?

B: 감자, 양파 그리고 달걀이요.

단어

· contener 포함하다
· patata 감자
· cebolla 양파
· huevo 달걀

기억하기 다음 빈칸에 들어갈 내용을 떠올리며
앞서 다녀온 핫플레이스를 다시 기억해보세요.

19

빌바오 (Bilbao) – **구시가지** (Casco Viejo)

¿Qué debo hacer ~?　**뭘 해야 해요?**

- ¿Qué debo hacer en esta _____?
  이 도시에서는 뭘 해야 해요?

- ¿Qué debo hacer en este _____?
  이 장소에서는 뭘 해야 해요?

- ¿Qué debo hacer _____?
  지금 뭘 해야 해요?

- ¿_____ debo hacer para entrar?
  들어가기 위해서 뭘 해야 해요?

- ¿Qué _____ _____ mañana?
  내일 뭐 해야 해요?

정답
- ciudad
- lugar
- ahora
- Qué
- debo hacer

20

빌바오 (Bilbao) – **구겐하임 박물관** (Museo Guggenheim)

¿A qué hora ~?　**몇 시에 ～하나요?**

- ¿A qué _____ se cierra el museo?
  미술관이 몇 시에 닫나요?

- ¿A qué hora nos _____?
  몇 시에 우리 만날까요?

- ¿A _____ hora parte el tren?
  기차가 몇 시에 출발해요?

- ¿A qué hora se abre el _____?
  레스토랑이 몇 시에 열어요?

- ¿_____ qué hora empieza el espectáculo?
  공연이 몇 시에 시작해요?

정답
- hora
- encontramos
- qué
- restaurante
- A

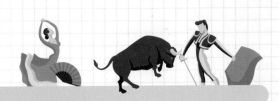

A : ¿Qué debo hacer mañana?

B : ¿Por qué no visitas el Casco Viejo?

A : ¿Vale la pena visitar ahí?

B : Por supuesto.

A : 내일 뭐 해야 해요?

B : 구시가지를 방문해보는 건 어때요?

A : 거기 방문할 가치가 있나요?

B : 물론이죠.

A : ¿A qué hora llega al aeropuerto?

B : A las 11(once) de la noche.

A : Entonces, puede usar el minibus del hotel.

B : Vale. Muchas gracias.

A : 공항에 몇 시에 도착하세요?

B : 밤 11시요.

A : 그럼, 호텔의 셔틀버스를 이용하실 수 있어요.

B : 안겠습니다. 정말 감사해요.

스페인 북부

산티아고

오비에도

빌바오

21 미라마르 궁전

22 콘차 해변

23 팜플로나 대성당

24 콘시스토리알 광장

25 카스티요 광장

산 세바스티안 (San Sebastián)
– 미라마르 궁전(Palacio de Miramar)

21 오늘 배울 표현은 **언제 ~하나요?**

프랑스 국경에서 약 20km 떨어져 있는 스페인 북부 해양 도시인 산 세바스티안은 바스크 지방 내 기푸스코아주의 중심 도시이며, 주민 대다수가 바스크어를 사용하는 바스크인이다. 산 세바스티안의 미라마르 궁전은 1885년 이후 스페인 국왕 알폰소 12세의 아내인 마리아 크리스티나가 매년 여름 휴가를 보내기 위해 찾았던 일종의 왕실 여름 별장으로, 규모가 크지 않아 대저택 정도로 보이기도 한다. 따뜻한 색감의 벽돌로 이루어진 외관이 동화 속에 들어온 기분을 느끼게 해 줄뿐만 아니라 멋진 정원과 해안 위치로 낭만적인 분위기를 자아내는 곳이다. 궁전의 주 건물은 바스크의 음악 학교 'Musukene' 캠퍼스로 사용되고 대학의 썸머 스쿨이 개최되기도 한다. 도시 특성상 비가 많이 오기 때문에 날씨를 잘 확인하고 방문하는 것도 추천한다.

출처 – 산 세바스티안 관광 공식 홈페이지(sansebastianturismoa.eus/)

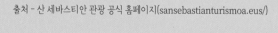

이번 핫플레이스에서는
어떤 대화를 하는지
먼저 살펴볼까요?

🎤 원어민의 음성을 들어보세요.

🎵 Spain_21.mp3

1

A : ¿Cuándo se abre el Palacio de Miramar?
B : Desde las 8(ocho) de la mañana.

2

A : ¿Para quién se construyó el palacio?
B : Para Maria christina, la esposa de Alfonso
XII(doce).

3

A : ¿Cuál es la dirección del palacio?
B : Número 48(cuarenta y ocho) del Paseo
Miraconcha.

1

A : 미라마르 궁전은 언제 여나요?
B : 오전 8시부터요.

2

A : 궁전은 누구를 위한 것이었나요?
B : 알폰소 12세의 아내인 마리아 크리스티나를 위한 것이었어요

3

A : 궁전 주소가 뭐예요?
B : 미라콘차 대로 48번지예요.

• desde ~부터	• doce 12
• cuándo 언제(when)	• dirección 주소
• abre 열다(abrir)	• número 번호, 수
• palacio 궁전	• paseo 대로, 산책로
• mañana 아침(내일)	• cierra 닫다(cerrar)
• esposa 아내	• viaja 여행하다(viajar)

오늘의 주요 단어입니다.
학습을 시작하기 전에
단어부터 살펴보아요.

실전여행

이 정도 한마디는
핫플레이스에서 꼭 해보아요.
패턴으로 완벽 암기하세요.

⭐TIP

3번째 문장 nos encontramos에서
nos는 상호의 se 대명사로서,
'우리가 서로'라는 의미로 사용되고
있습니다.

¿Cuándo ~? 언제 ~하나요?

• ¿Cuándo se cierra el palacio?

언제 궁전이 닫나요?

• ¿Cuándo viaja?

언제 여행가세요?

• ¿Cuándo nos encontramos?

언제 우리가 (서로) 만나나요?

• ¿Cuándo llega Pedro?

페드로가 언제 도착하나요?

• ¿Cuándo empieza la fiesta?

언제 파티가 시작하나요?

1

➤ 핫플레이스에서 대화한 내용을
떠올리며 빈칸을 채워보세요.

A : ¿_____ se abre el Palacio de Miramar?

B : Desde las _____ de la mañana.

A : 미라마르 궁전은 언제 여나요?

B : 오전 8시부터요.

2

A : ¿Para quién se construyó el _____?

B : Para Maria christina, la _____ de
Alfonso XII(doce).

A : 궁전은 누구를 위한 것이었나요?

B : 알폰소 12세의 아내인 마리아 크리스티나예요.

3

A : ¿Cuál es la _____ del palacio?

B : Es número 48(cuarenta y ocho) del
_____ Miraconcha.

A : 궁전 주소가 뭐예요'?

B : 미라콘차 대로 48번지예요.

정답

1 Cuándo, 8(ocho)
2 palacio, esposa
3 dirección, Paseo

22

산 세바스티안 (San Sebastián) – 콘차 해변 (Playa de la Concha)

➡️ 오늘 배울 표현은 ~을/를 가지고 있나요?

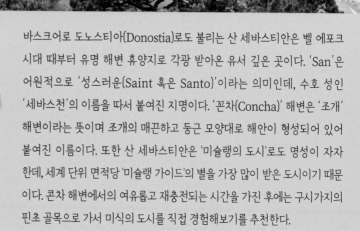

바스크어로 도노스티아(Donostia)로도 불리는 산 세바스티안은 벨 에포크 시대 때부터 유명 해변 휴양지로 각광 받아온 유서 깊은 곳이다. 'San'은 어원적으로 '성스러운(Saint 혹은 Santo)'이라는 의미인데, 수호 성인 '세바스천'의 이름을 따서 붙여진 지명이다. '꼰차(Concha)' 해변은 '조개' 해변이라는 뜻이며 조개의 매끈하고 둥근 모양대로 해안이 형성되어 있어 붙여진 이름이다. 또한 산 세바스티안은 '미슐랭의 도시'로도 명성이 자자한데, 세계 단위 면적당 '미슐랭 가이드'의 별을 가장 많이 받은 도시이기 때문이다. 콘차 해변에서의 여유롭고 재충전되는 시간을 가진 후에는 구시가지의 핀초 골목으로 가서 미식의 도시를 직접 경험해보기를 추천한다.

출처 – 산 세바스티안 관광 공식 홈페이지(sansebastianturismoa.eus/)

미리보기

 이번 핫플레이스에서는
어떤 대화를 하는지
먼저 살펴볼까요?

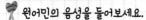 원어민의 음성을 들어보세요.

Spain_22.mp3

1

A : Disculpe. ¿Acaso tiene protector solar?

B : Lo siento. No lo tengo.

2

A : ¿Cómo es la ciudad, San Sebastián?

B : Es una ciudad recreativa, muy limpia y tranquila.

3

A : ¿Qué significa 'concha'?

B : Significa 'Shellfish' en inglés.

1

A : 실례합니다. 혹시 자외선 차단제를 가지고 있나요?

B : 죄송합니다. 없어요.

2

A : 산 세바스티안 도시는 어때요?

B : 휴양 도시이고 아주 깨끗하고 한적해요.

3

A : '콘차'는 무슨 뜻이에요?

B : 영어로는 'shellfish(조개)'라는 뜻이에요.

- acaso 혹시
- tiene 가지고 있다(tener)
- protector solar
  자외선 차단제
- recreativo 휴양의
- limpio 깨끗한
- tranquilo 한적한
- significa 의미하다(significar)
- bolígrafo 볼펜
- papel 종이(휴지)
- toallitas húmedas 물티슈
- digestivo 소화제
- calmante 진통제

오늘의 주요 단어입니다.
학습을 시작하기 전에
단어부터 살펴보아요.

실전여행

이 정도 한마디는
핫플레이스에서 꼭 해보아요.
패턴으로 완벽 암기하세요.

⭐TIP

tener 동사는 '가지다, 가지고
있다'라는 뜻으로 동사 변화는
tengo / tienes / tiene / tenemos /
tenéis / tienen 이다.
친근하게 표현하고 싶다면,
2인칭 단수형(너)를 주어로 tienes를
사용할 수 있다.

¿Tiene ~? ~을/를 가지고 있나요?

- ¿Tiene bolígrafo?

  볼펜을 가지고 있나요?

- ¿Tiene papel?

  종이를 가지고 있나요?

- ¿Tiene toallitas húmedas?

  물티슈를 가지고 있나요?

- ¿Tiene digestivo?

  소화제를 가지고 있나요?

- ¿Tiene calmante?

  진통제를 가지고 있나요?

일지쓰기

핫플레이스에서 대화한 내용을
떠올리며 빈칸을 채워보세요.

1

A : Disculpe. ¿Acaso _____ protector solar?

B : Lo siento. No lo tengo.

A : 실례합니다. 혹시 자외선 차단제를 가지고 있나요?

B : 죄송합니다. 없어요.

2

A : ¿Cómo es la ciudad, San Sebastián?

B : Es una ciudad _____, muy _____

y _____.

A : 산 세바스티안 도시는 어때요?

B : 휴양 도시이고 깨끗하고 한적해요.

3

A : ¿Qué _____ 'concha'?

B : _____ 'Shellfish' en inglés.

A : '꼰차'는 무슨 뜻이에요?

B : 영어로는 'shellfish(조개)'라는 뜻이에요.

정답

1 tiene

2 recreativa, limpia, tranquila

3 significa, Significa

팜플로나 (Pamplona)
– 팜플로나 대성당 (Catedral de Pamplona)

23

오늘 배울 표현은 ~하고 싶어요

팜플로나는 스페인 북부 나바라 지방에 위치한 도시로서, 도시의 명칭은 고대 로마 폼페이우스에 의해 건설된 요새 도시 '폼파일로'에서 유래되었다. 스페인의 어느 도시든 대성당이 있기 마련이지만, 팜플로나 대성당은 그 규모만큼이나 많은 볼거리로 인정 받는 성당으로, 고딕 양식의 진면모를 보여준다. 또한 14~15세기에 걸쳐 건설되어 르네상스와 신고전주의 양식도 엿볼 수 있고 내부에는 로마 시대 유적부터 스페인 전성기 시절의 종교 전시품과 성물들이 보존되어 있다.

출처 – 팜플로나 대성당 공식 홈페이지 (catedraldepamplona.com/)

미리보기

이번 핫플레이스에서는
어떤 대화를 하는지
먼저 살펴볼까요?

원어민의 음성을 들어보세요.

Spain_23.mp3

1

A : Quiero entrar a la Catedral de Pamplona.
B : Debe pagar el precio de entrada.

2

A : ¿Qué es aquel edificio?
B : Es un museo de la catedral.

3

A : ¿Qué estilo tiene la catedral?
B : Es de estilo gótico y neoclásico.

1

A : 팜플로나 대성당에 들어가고 싶어요.
B : 입장료를 지불 하셔야 해요.

2

A : 저 건물은 뭐예요?
B : 성당의 박물관이에요.

3

A : 성당은 어떤 양식인가요?
B : 고딕과 신고전주의예요.

오늘의 주요 단어입니다.
학습을 시작하기 전에
단어부터 살펴보아요.

- **quiero**
  ~하고 싶다, 원하다(Querer)
- **entrar** 입장하다, 들어가다
- **el precio de entrada** 입장료
- **edificio** 건물
- **estilo** 양식
- **tiene**
  가지다, 가지고 있다(tener)

- **gótico** 고딕
- **neoclásico** 신고전주의의
- **comprar** 사다
- **baño** 화장실
- **solo** 혼자
- **contigo** 너와 함께

실전여행

이 정도 한마디는
핫플레이스에서 꼭 해보아요.
패턴으로 완벽 암기하세요.

⭐ TIP

'Quiero ~' 표현은 영어의 'to want'
표현과 쓰임이 같기 때문에 뒤에
동사원형을 동반한다.
한편, querer 조동사 뒤에는 바로
동사원형을 위치시켜 사용한다.

Quiero ~ ~하고 싶어요

- Quiero **comer esto.**

  이거 먹고 싶어요.

- Quiero **comprar eso.**

  그거 사고 싶어요.

- Quiero **ir al baño.**

  화장실에 가고 싶어요.

- Quiero **estar solo/a.**

  혼자 있고 싶어요.

- Quiero **hablar contigo.**

  나 너랑 얘기하고 싶어.

▶ 핫플레이스에서 대화한 내용을
떠올리며 빈칸을 채워보세요.

1

A : _____ entrar a la Catedral de
    Pamplona.

B : Debe _____ el precio de entrada.

A : 팜플로나 대성당에 들어가고 싶어요.

B : 입장료를 지불 하셔야 해요.

2

A : ¿Qué es aquel _____?

B : Es un _____ de la catedral.

A : 저 건물은 뭐예요?

B : 성당의 박물관이에요.

3

A : ¿Qué _____ tiene la catedral?

B : Es de estilo _____ y neoclásico.

A : 성당은 어떤 양식인가요?

B : 고딕과 신고전주의예요.

정답

1 Quiero, pagar
2 edificio, museo
3 estilo, gótico

팜플로나 (Pamplona)
– 콘시스토리알 광장 (Plaza Consistorial)

오늘 배울 표현은 **뭐라고 부르나요?**

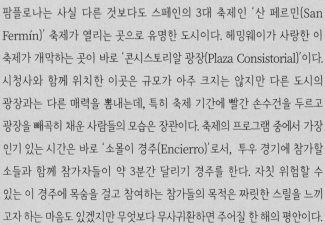

팜플로나는 사실 다른 것보다도 스페인의 3대 축제인 '산 페르민(San Fermín)' 축제가 열리는 곳으로 유명한 도시이다. 헤밍웨이가 사랑한 이 축제가 개막하는 곳이 바로 '콘시스토리알 광장(Plaza Consistorial)'이다. 시청사와 함께 위치한 이곳은 규모가 아주 크지는 않지만 다른 도시의 광장과는 다른 매력을 뽐내는데, 특히 축제 기간에 빨간 손수건을 두르고 광장을 빼곡히 채운 사람들의 모습은 장관이다. 축제의 프로그램 중에서 가장 인기 있는 시간은 바로 '소몰이 경주(Encierro)'로서, 투우 경기에 참가할 소들과 함께 참가자들이 약 3분간 달리기 경주를 한다. 자칫 위험할 수 있는 이 경주에 목숨을 걸고 참여하는 참가자들의 목적은 짜릿한 스릴을 느끼고자 하는 마음도 있겠지만 무엇보다 무사귀환하면 주어질 한 해의 평안이다.

출처 - 나바라 관광 공식 홈페이지 (visitnavarra.es/)

미리보기

 이번 핫플레이스에서는
어떤 대화를 하는지
먼저 살펴볼까요?

🪇 원어민의 음성을 들어보세요.

🔲 Spain_24.mp3

1

A : ¿Qué significa 'San Fermín'?
B : Es como 'Saint Fermín'. 'Fermín' es un
nombre propio.

2

A : ¿Aquí se celebran las fiestas de San Fermín?
B : Sí. Cada año, en julio.

3

A : ¿Cómo se llama aquel edificio?
B : Es el Ayuntamiento de Pamplona.

1

A : '산 페르민'은 무슨 뜻인가요?
B : '세인트 페르민'과 같아요. '페르민'은 사람 이름이에요.

2

A : 여기서 산 페르민 축제가 개최되나요?
B : 네. 매년 7월이에요.

3

A : 저 건물을 뭐라고 부르나요?
B : 팜플로나 시청이에요.

준비하기

오늘의 주요 단어입니다.
학습을 시작하기 전에
단어부터 살펴보아요.

- **como** ~와 같은
- **nombre** 이름
- **propio** 자신의, 본인의, 고유의
- **celebran** 개최하다, 기념하다, 축하하다(celebrar)
- **cada** 매(번)
- **año** 해, 년
- **julio** 7월
- **aquel** 저(that)
- **edificio** 건물
- **ayuntamiento** 시청
- **objeto** 물건
- **café** 커피
- **leche** 우유

실전여행

이 정도 한마디는
핫플레이스에서 꼭 해보아요.
패턴으로 완벽 암기하세요.

★ TIP

누군가를 부르는 호칭 없이,
disculpe 혹은 perdón으로
'실례합니다, 저기요'라는
의미 표현을 사용할 수 있다.

¿Cómo se llama~? 뭐라고 부르나요?

- **¿Cómo se llama este objeto?**
  이 물건은 뭐라고 부르나요?

- **¿Cómo se llama esta comida?**
  이 음식은 뭐라고 부르나요?

- **Señor, ¿cómo se llama ´apple´ en español?**
  아저씨, 스페인어로 사과를 뭐라고 부르나요?

- **Señora, ¿cómo se llama esto en coreano?**
  아주머니, 이것을 한국어로 뭐라고 부르나요?

- **Señorita, ¿cómo se llama café con leche en inglés?**
  아가씨, (카페)라떼를 영어로 뭐라고 부르나요?

일지쓰기

➤ 핫플레이스에서 대화한 내용을
떠올리며 빈칸을 채워보세요.

1

A : ¿Qué significa 'San Fermín'?

B : Es _____ Saint Fermín. 'Fermín' es un
_____ propio.

A : '산 페르민'은 무슨 뜻인가요?

B : '세인트 페르민'과 같아요. '페르민'은 사람 이름이에요.

2

A : ¿Aquí se celebran las fiestas de San Fermín?

B : Sí. _____ _____, _____ _____.

A : 여기서 산페르민 축제가 개최되나요?

B : 네. 매년 7월이에요.

3

A : ¿_____ _____ _____ aquel edificio?

B : Es el Ayuntamiento de Pamplona.

A : 저 건물은 뭐라고 부르나요?

B : 팜플로나 시청이에요.

정답

1 como, nombre

2 Cada año, en julio

3 Cómo se llama

21

산 세바스티안 (San Sebastián) – 미라마르 궁전(Palacio de Miramar)

¿Cuándo ~?   언제 ~하나요?

- **¿Cuándo se cierra el _____?**
  언제 궁전이 닫나요?

- **¿Cuándo _____?**
  언제 여행가세요?

- **¿Cuándo nos _____?**
  언제 우리가 (서로) 만나나요?

- **¿Cuándo _____ _____?**
  빼드로가 언제 도착하나요?

- **¿_____ empieza la fiesta?**
  언제 파티가 시작하나요?

정답

· palacio
· viaja
· encontramos
· llega Pedro
· Cuándo

22

산 세바스티안 (San Sebastian) – 콘차 해변 (Playa de la Concha)

¿Tiene ~?   ~을/를 가지고 있나요?

- **¿Tiene _____?**
  볼펜을 가지고 있나요?

- **¿Tiene _____?**
  종이를 가지고 있나요?

- **¿_____ toallitas húmedas?**
  물티슈를 가지고 있나요?

- **¿Tiene _____?**
  소화제를 가지고 있나요?

- **¿Tiene _____?**
  진통제를 가지고 있나요?

정답

· bolígrafo
· papel
· Tiene
· digestivo
· calmante

A : ¿Desde cuándo quería venir a España?

B : Desde hace 1(un) año.

A : ¿Por qué?

B : Porque quería sentir otra vez el calor de la vida.

A : 언제 스페인에 오고 싶었어요?

B : 일년 전부터요.

A : 왜요?

B : 인생의 뜨거움을 다시 느끼고 싶었기 때문이에요.

단어

- hace ~전
- quería 원했었다
- otra vez 한번 더
- calor 더위
- vida 인생

A : ¿Tiene algún digestivo?

B : ¿Tiene algún problema?

A : Creo que sí.

B : Lo busco ahora.

A : 소화제를 가지고 있나요?

B : 문제 있으세요?

A : 그런 거 같아요.

B : 지금 찾아 볼게요.

단어

- problema 문제
- buscar 찾다

다음 빈칸에 들어갈 내용을 떠올리며
앞서 다녀온 핫플레이스를 다시 기억해보세요.

23

팜플로나 (Pamplona) – 팜플로나 대성당 (Catedral de Pamplona)

Quiero ~   ～하고 싶어요

- Quiero _____ esto.
  이거 먹고 싶어요.

- Quiero _____ eso.
  그거 사고 싶어요.

- Quiero ir al _____.
  화장실에 가고 싶어요.

정답

- comer
- comprar
- baño
- estar
- contigo

- Quiero _____ solo/a.
  혼자 있고 싶어요.

- Quiero hablar _____.
  나 너랑 얘기하고 싶어.

24

팜플로나 (Pamplona) – 꼰시스또리알 광장 (Plaza de Consistorial)

¿Cómo se llama~?   뭐라고 부르나요?

- ¿_____ se llama este objeto?
  이 물건은 뭐라고 부르나요?

- ¿Cómo _____ _____ esta comida?
  이 음식은 뭐라고 부르나요?

- Señor, ¿cómo se llama _____ _____?
  아저씨, 스페인어로 사과를 뭐라고 부르나요?

정답

- Cómo
- se llama,
- en español,
- en coreano,
- en inglés

- Señora, ¿cómo se llama esto _____ _____?
  아주머니, 이것을 한국어로 뭐라고 부르나요?

- Señorita, ¿cómo se llama eso _____ _____?
  아가씨, 그것을 영어로 뭐라고 부르나요?

140

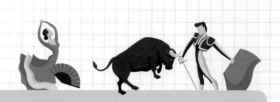

A : Disculpe. Le pido un favor.

B : Sí. Dígame.

A : Es que... quiero ir al baño.

B : Ah, está a la izquierda.

A : 실례합니다. 부탁이 하나 있어요.

B : 네. 말씀하세요.

A : 실은... 화장실에 가고 싶어요.

B : 아, 왼쪽에 있습니다.

- pedir 요청하다
- favor 부탁
- baño 화장실
- izquierda 왼쪽

A : Señor, ¿cómo se llama 'apple' en español?

B : Se dice 'manzana'.

A : ¿Podría deletrearlo?

B : Claro. M-A-N-Z-A-N-A.

A : 아저씨, 스페인어로 '애플'을 뭐라고 부르나요?

B : 'MANZANA'예요.

A : 저에게 스펠링을 알려주실 수 있나요?

B : 당연하죠. 에메-아-아네-쎄따-아-에네-아.

단어

- manzana 사과
- deletrear
  한 자씩 말하다

141

25

팜플로나 (Pamplona)
– 카스티요 광장 (Plaza del Castillo)

▶ 오늘 배울 표현은 **무엇을 선호하세요?**

명실상부한 팜플로나의 심장이자 중심지인 카스티요 광장은 적어도 관광객들이 찾는 구시가지에선 제일 넓은 광장이다. 광장 이름에 들어간 '카스티요 (Castillo)'란 단어는 '성'을 의미하는데, 본래 이 곳에 위치했었던 성의 투우장에서 투우(Bullfighting)가 열렸었다고 전해진다. 현재는 '산 페르민 축제'와 같은 큰 행사들로부터 도시의 여러 축제들이 개최되는 장소이고 축제 기간이 아니어도 크고 작은 행사들로 채워져 지루할 틈을 주지 않는다. 스페인 다른 도시의 광장들과 마찬가지로 이곳 역시 만남의 장소 역할을 톡톡히 해내고 있으며 콘시스토리알 광장과 팜플로나 대성당 등 팜플로나 주요 명소들과 가까이 위치하고 있어 방문객들의 발길이 끊이지 않는 곳이다.

출처 – 나바라 관광 공식 홈페이지 (visitnavarra.es/)

미리보기

이번 핫플레이스에서는
어떤 대화를 하는지
먼저 살펴볼까요?

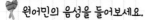 원어민의 음성을 들어보세요.

Spain_25.mp3

1

A : ¿Qué prefiere entre la plaza y el museo?
B : Pues... prefiero la plaza.

2

A : ¿Por qué prefiere la plaza al museo?
B : Porque quiero algo cotidiano.

3

A : ¿Te gusta la Plaza del Castillo?
B : Sí. Me gusta mucho.

1

A : 광장과 미술관 중에 무엇을 선호하세요?
B : 글쎄요... 광장을 선호합니다.

2

A : 왜 미술관보다 광장을 선호해요?
B : 일상적인 것을 원하기 때문이에요.

3

A : 카스티요 광장을 좋아하세요?
B : 네. 아주 좋아합니다.

오늘의 주요 단어입니다.
학습을 시작하기 전에
단어부터 살펴보아요.

- **qué** 무엇
- **prefiere** 선호하다(preferir)
- **entre A y B** A와 B 중에
- **por qué** 왜
- **porque** 왜냐하면
- **algo** 어떤 것(something)
- **cotidiano** 일상적인

- **gusta** ~에게 즐거움을 주다, 좋아하다(gustar)
- **té** 차(tea)
- **café** 커피
- **comida** 식사
- **bebida** 음료
- **cerveza** 맥주
- **vino** 와인

실전여행

이 정도 한마디는
핫플레이스에서 꼭 해보아요.
패턴으로 완벽 암기하세요.

¿Qué prefiere ~? 무엇을 선호하세요?

- **¿Qué prefiere entre té y café?**

  차와 커피 중에서 무엇을 선호하세요?

- **¿Qué prefiere entre comida y bebida?**

  식사와 음료 중에 무엇을 선호하세요?

- **¿Qué prefiere entre esto y aquello?**

  이것과 저것 중에 무엇을 선호하세요?

- **¿Qué prefiere entre el autobús y el taxi?**

  버스와 택시 중에서 무엇을 선호하세요?

- **¿Qué prefiere entre la cerveza y el vino?**

  맥주와 와인 중에 무엇을 선호하세요?

☆ TIP

preferir 동사는 영어의 'to prefer'
동사로서, '선호하다'라는 의미이다.
전치사 a와 함께하면 '~보다'라는
의미로 사용된다.

ej) Prefiero el té al café.
　　저는 커피보다 차를 선호해요.

친근하게 표현하고 싶다면 2인칭
단수 '너'를 주어로 하여, prefieres
형태를 사용할 수 있다. 또한,
'~중에, ~사이에'라는 의미의
'entre'와 주로 동행하는 동사이다.

➡ 핫플레이스에서 대화한 내용을
떠올리며 빈칸을 채워보세요.

1

A : ¿_____ _____ _____ la
plaza y el museo?

B : Pues... prefiero la plaza.

A : 광장과 미술관 중에 무엇을 선호하세요?

B : 글쎄요... 광장을 선호합니다.

2

A : ¿_____ _____ _____ la
plaza al museo?

B : Porque quiero algo cotidiano.

A : 왜 미술관보다 광장을 선호해요?

B : 일상적인 것을 원하기 때문이에요.

3

A : ¿Te gusta la _____ del Castillo?

B : Sí. Me gusta _____ .

A : 카스티요 광장을 좋아하세요?

B : 네. 아주 좋아합니다.

정답

1 Qué prefiere entre
2 Por qué prefiere
3 Plaza, mucho

스페인 동부

스페인 동부

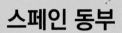

바르셀로나

27 람블라 거리

29 몬주익 언덕

26 가우디 투어

28 보케리아 시장

35 팔마 대성당

마요르카

30 비오파크 동물원

32 투리아 공원

발렌시아

34 아레날 해변

33 과학예술종합단지

31 라론하 실크 교역소

26

바르셀로나 (Barcelona)
– 가우디 투어 (Ruta de Gaudí)

➡ 오늘 배울 표현은 ~는 어떤 사람이었어요?

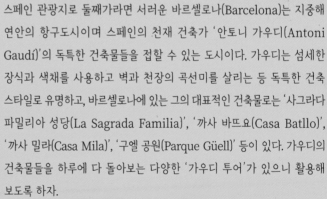

스페인 관광지로 둘째가라면 서러운 바르셀로나(Barcelona)는 지중해 연안의 항구도시이며 스페인의 천재 건축가 '안토니 가우디(Antoni Gaudí)'의 독특한 건축물들을 접할 수 있는 도시이다. 가우디는 섬세한 장식과 색채를 사용하고 벽과 천장의 곡선미를 살리는 등 독특한 건축 스타일로 유명하고, 바르셀로나에 있는 그의 대표적인 건축물로는 '사그라다 파밀리아 성당(La Sagrada Familia)', '까사 바뜨요(Casa Batllo)', '까사 밀라(Casa Mila)', '구엘 공원(Parque Güell)' 등이 있다. 가우디의 건축물들을 하루에 다 돌아보는 다양한 '가우디 투어'가 있으니 활용해 보도록 하자.

출처 – 바르셀로나 관광 공식 홈페이지(barcelonaturisme.com/)

이번 핫플레이스에서는
어떤 대화를 하는지
먼저 살펴볼까요?

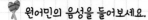 원어민의 음성을 들어보세요.

Spain_26.mp3

1

A : ¿Cómo era Antonio Gaudí?

B : Era una persona genial.

2

A : ¿Qué construyó Gaudí?

B : Muchas cosas. La Catedral de Sagrada Familia, la Casa Mila, etcétera.

3

A : ¿Cuál es su lugar favorito de las construcciones de Gaudí?

B : Para mí, el Parque Güell.

1

A : 안토니오 가우디는 어떤 사람이었어요?

B : 천재적인 사람이었어요.

2

A : 가우디가 무엇을 건축했어요?

B : 정말 많아요. 사그라다 파밀리아 성당, 카사 밀라 등등.

3

A : 가우디 건축물 중에 가장 선호하는 장소가 어디예요?

B : 저에게는, 구엘 공원이요.

준비하기

오늘의 주요 단어입니다.
학습을 시작하기 전에
단어부터 살펴보아요.

- **cómo** 어떻게(how)
- **era** ~였다(ser)
- **genial** 천재적인, 대단한
- **construyó** 건축했다(construir)
- **cosa** 것, 물건
- **construcción** 건축
- **lugar** 장소
- **favorito** 선호하는
- **doce** 12

실전여행

이 정도 한마디는
핫플레이스에서 꼭 해보아요.
패턴으로 완벽 암기하세요.

☆TIP

ser 동사의 불완료과거형 era 대신
현재형 es로 바꾸면
'(~는) 어떤 사람이에요?'라는 현재
시점의 질문이 된다.
한편, 주로 과거를 묘사할 때
사용되는 불완료과거형으로서
ser 동사의 동사변화는 era – eras –
era – éramos – erais – eran 이다.

¿Cómo era ~? ~는 어떤 사람이었어요?

- **¿Cómo era Picasso?**
  피카소는 어떤 사람이었어요?

- **¿Cómo era Alfonso doce?**
  알폰소 12세는 어떤 사람이었어요?

- **¿Cómo era este/esta?**
  이 사람(남/녀)은 어떤 사람이었어요?

- **¿Cómo era ese/esa?**
  그 사람(남/녀)은 어떤 사람이었어요?

- **¿Cómo era aquel/aquella?**
  저 사람(남/녀)은 어떤 사람이었어요?

일지쓰기

➡ 핫플레이스에서 대화한 내용을
떠올리며 빈칸을 채워보세요.

1

A : ¿_____ _____ Antonio Gaudí?

B : Era una persona _____.

A : 안토니오 가우디는 어떤 사람이었어요?

B : 천재적인 사람이었어요.

2

A : ¿Qué _____ Gaudí?

B : Muchas cosas. La Catedral de Sagrada
Familia, la Casa Mila, etcétera.

A : 가우디가 무엇을 건축했어요?

B : 정말 많아요. 사그라다 파밀리아 성당, 까사 밀라 등등.

3

A : ¿Cuál es su _____ _____ de las
construcciones de Gaudí?

B : Para mí, el Parque Güell.

A : 가우디 건축물 중에 가장 선호하는 장소가 어디예요?

B : 저에서는, 구엘 공원이요.

정답

1 Cómo era, genial

2 construyó

3 lugar favorito

바르셀로나 (Barcelona)
– 람블라 거리 (La Rambla)

27

➡ 오늘 배울 표현은 ~라고 생각해요

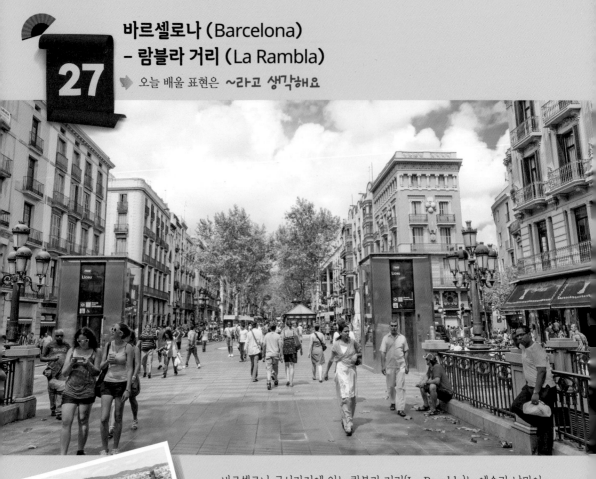

바르셀로나 구시가지에 있는 람블라 거리(La Rambla)는 예술과 낭만이 있는 가로수길이다. 카탈루냐 광장부터 옛 항구가 있는 콜럼버스 기념탑까지 남쪽으로 뻗은 약 1.2km의 길이다. 가운데에는 보행자 도로, 양 옆으로는 차도가 조성되어 있는데, 가운데 길을 중심으로 양쪽에 각종 상점, 기념품점, 노천 카페, 레스토랑 등으로 가득하다. 또한 전 세계의 관광객들과 현지인들이 모이는 활력 넘치는 이 거리는 버스킹 공연과 각종 퍼포먼스로 눈과 귀를 즐겁게 해준다. 시간대에 따라 여유로운 아침, 활기찬 점심, 낭만적인 저녁을 만날 수 있으므로 취양에 따라 여러 번 방문해 보는 것도 좋을 것이다.

출처 – 바르셀로나 관광 공식 홈페이지(barcelonaturisme.com/)

미리보기

이번 핫플레이스에서는
어떤 대화를 하는지
먼저 살펴볼까요?

원어민의 음성을 들어보세요.

Spain_27.mp3

1

A : ¿Cómo es La Rambla?
B : Creo que es muy animada.

2

A : ¿Qué hay en La Rambla?
B : Hay restaurantes, cafeterías, tiendas,
etcétera.

3

A : ¿Cómo de larga es La Rambla?
B : 1(un) kilómetro.

1

A : 람블라 거리는 어때요?
B : 아주 활기차다고 생각해요.

2

A : 람블라스 거리에 뭐가 있어요?
B : 레스토랑들, 카페들, 상점들 등등 있어요.

3

A : 람블라스 거리가 얼마나 길어요?
B : 1km예요.

153

오늘의 주요 단어입니다.
학습을 시작하기 전에
단어부터 살펴보아요.

- **creo** 믿다, 생각하다(creer)
- **que** ~라고 하는(영어의 that)
- **animado** 활기찬
- **restaurante** 레스토랑
- **cafetería** 카페
- **tienda** 상점
- **etcétera** 등등
- **largo** 긴
- **divertido** 재밌는
- **salado** (맛이)짠
- **amable** 친절한
- **caro** 비싼

실전여행

이 정도 한마디는
핫플레이스에서 꼭 해보아요.
패턴으로 완벽 암기하세요.

★TIP

creer 동사는 '생각하다'라는 뜻으로,
creo – crees – cree – creémos –
creéis – creen으로 변화한다.

Creo que ~ ~라고 생각해요

- Creo que **es divertido.**

  재밌다고 생각해요.

- Creo que **es muy salado.**

  너무 짜다고 생각해요.

- Creo que **no es bueno.**

  좋지 않다고 생각해요.

- Creo que **es muy amable.**

  당신이 아주 친절하다고 생각해요.

- Creo que **es muy caro.**

  너무 비싸다고 생각해요.

일지쓰기

➡ 핫플레이스에서 대화한 내용을
떠올리며 빈칸을 채워보세요.

1

A : ¿Cómo es La Rambla?

B : _____ ___ _____ es muy animada.

A : 람블라 거리는 어때요?

B : 아주 활기차다고 생각해요.

2

A : ¿Qué hay en La Rambla?

B : Hay restaurantes, las cafeterías, las

_____, etcétera.

A : 람블라스 거리에 뭐가 있어요?

B : 레스토랑들, 카페들, 상점들 등등 있어요.

3

A : ¿Cómo de _____ son La Rambla?

B : 1(un) kilómetro.

A : 람블라스 거리가 얼마나 길어요?

B : 1km예요.

정답

1 Creo que
2 tiendas
3 larga

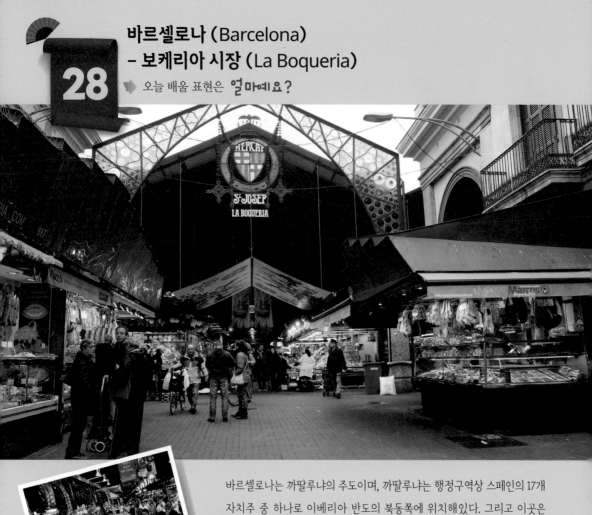

바르셀로나 (Barcelona)
– 보케리아 시장 (La Boqueria)

28

➡ 오늘 배울 표현은 **얼마예요?**

바르셀로나는 까딸루냐의 주도이며, 까딸루냐는 행정구역상 스페인의 17개 자치주 중 하나로 이베리아 반도의 북동쪽에 위치해있다. 그리고 이곳은 유럽에서 가장 대표적으로 분리주의 움직임을 보이는 곳이다. 이러한 까딸루냐의 분리독립 움직임은 이 지역의 과거와 현재에 누적된 역사, 문화, 경제적인 관점에서 복합적으로 바라볼 때 이해될 수 있는데, 결론적으로 스페인과는 다르다는 자의식이 상당히 강하기 때문이라 볼 수 있다. 하지만 어느 곳이나 결국 사람 사는 곳이라 하듯이 람블라 거리에 있는 '보께리아 시장(La Boquería)'을 가보면 사람 사는 냄새가 난다. 이곳은 스페인뿐만 아니라 유럽에서도 손꼽히는 전통이 깊은 재래시장으로써, 스페인 사람들이 사랑하는 식자재에서부터 유럽의 각종 농수산물 그리고 전세계의 향신료까지 없는 게 없는 곳이기에 구경하는 즐거움이 있다.

출처 - 신정환,전용갑 - 두 개의 스페인 - HUINE

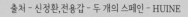

이번 핫플레이스에서는
어떤 대화를 하는지
먼저 살펴볼까요?

🎧 원어민의 음성을 들어보세요.

🎵 Spain_28.mp3

1

A : ¿Dónde está La Boqueria?

B : Está cerca de La Rambla.

2

A : ¿Cuánto es esto?

B : Son 10(diez) euros.

3

A : ¿Qué horario tiene La Boqueria?

B : Desde las 8(ocho) de la mañana y hasta las 8(ocho) y media de la tarde.

1

A : 보케리아 시장은 어디에 있어요?

B : 람블라 거리 근처에 있어요.

2

A : 이거 얼마예요?

B : 10 유로예요.

3

A : 보케리아 시장 영업시간이 어떻게 돼요?

B : 오전 8시부터 오후 8시 반까지입니다.

오늘의 주요 단어입니다.
학습을 시작하기 전에
단어부터 살펴보아요.

- **dónde** 어디(where)
- **cerca de** ~가까이에
- **horario** 영업시간
- **tiene** 가지다(tener)
- **mañana** 오전, 내일
- **tarde** 오후
- **media** 절반, 30분
- **euros** 유로
- **wones** 원(한화)
- **descuento** 할인
- **efectivo** 현금

실전여행

이 정도 한마디는
핫플레이스에서 꼭 해보아요.
패턴으로 완벽 암기하세요.

¿Cuánto es ~? 얼마예요?

- **¿Cuánto es 1 euro en wones?**

  1유로는 '원'으로 얼마예요?

- **¿Cuánto es todo?**

  전부 얼마예요?

- **¿Cuánto es con descuento?**

  할인해서 얼마예요?

- **¿Cuánto es esto/eso/aquello?**

  이거/그거/저거 얼마예요?

- **¿Cuántos son en efectivo?**

  현금으로는 얼마예요?

일지쓰기

➡ 핫플레이스에서 대화한 내용을
떠올리며 빈칸을 채워보세요.

1

A : ¿Dónde está la Boqueria?

B : Está _____ _____ La Rambla.

A : 보케리아 시장은 어디에 있어요?

B : 람블라 거리 근처에 있어요.

2

A : ¿_____ _____ esto?

B : Son 10(diez) euros.

A : 이거 얼마예요?

B : 10 유로예요.

3

A : ¿Qué _____ tiene La Boqueria?

B : Desde las _____ de la mañana y
hasta las y _____ de la tarde.

A : 보케리아 시장 영업시간이 어떻게 돼요?

B : 오전 8시부터 오후 8시 반까지입니다.

정답

1 cerca de
2 Cuánto es
3 horario, 8(ocho), media

기억하기

다음 빈칸에 들어갈 내용을 떠올리며
앞서 다녀온 핫플레이스를 다시 기억해보세요.

25

팜플로나 (Pamplona) – 카스티요 광장 (Plaza del Castillo)

¿Qué prefiere ~? 무엇을 선호하세요?

- ¿Qué prefiere entre _____ y café?
  차와 커피 중에서 무엇을 선호하세요?

- ¿Qué prefiere entre comida y _____?
  식사와 음료 중에 무엇을 선호하세요?

- ¿_____ _____ entre esto y aquello?
  이것과 저것 중에 무엇을 선호하세요?

- ¿Qué prefiere _____ el autobús y el taxi?
  버스와 택시 중에서 무엇을 선호하세요?

- ¿Qué prefiere entre la _____ y el vino?
  맥주와 와인 중에 무엇을 선호하세요?

정답
- té
- bebida
- Qué prefiere
- entre
- cerveza

26

바르셀로나 (Barcelona) – 가우디 투어 (Ruta de Gaudí)

¿Cómo era ~? ~는 어떤 사람이었어요?

- ¿Cómo _____ Picasso?
  피카소는 어떤 사람이었어요?

- ¿_____ era Alfonso XII(doce)?
  알폰소 12세는 어떤 사람이었어요?

- ¿Cómo era _____?
  이 사람(남/녀)은 어떤 사람이었어요?

- ¿Cómo era _____?
  그 사람(남/녀)은 어떤 사람이었어요?

- ¿Cómo era _____?
  저 사람(남/녀)은 어떤 사람이었어요?

정답
- era
- Cómo
- este/esta
- ese/esa
- aquél/aquella

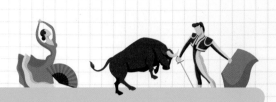

A : ¿Qué prefiere entre la cerveza y el vino?

B : Hmm....... Es muy difícil.

A : Yo, en verano, cerveza y en invierno, vino.

B : Jaja. Puede ser.

A : 맥주와 와인 중에 어느 것을 선호하세요?

B : 흠... 아주 어렵네요.

A : 저는 여름에는 맥주, 겨울에는 와인이요.

B : 하하. 그럴 수 있겠어요.

단어
• difícil 어려운
• verano 여름
• invierno 겨울

A : ¿Cómo era Picasso?

B : Era una persona genial.

A : ¿Cuál es su obra favorita de Picasso?

B : Es 'Paisaje Mediterráneo.'

A : 피카소는 어떤 사람이었어요?

B : 천재적인 사람이었어요.

A : 피카소 작품 중에서 어떤 작품을 선호하세요?

B : '지중해 풍경'이에요.

단어
• obra 작품
• favorito 선호하는
• paisaje 풍경
• mediterráneo
지중해의

27

바르셀로나 (Barcelona) − 람블라 거리 (La Rambla)

Creo que ~   ~라고 생각해요

- Creo que es _____.
  재밌다고 생각해요.

- Creo que es muy _____.
  너무 짜다고 생각해요.

- Creo que no es _____.
  좋지 않다고 생각해요.

- Creo que es muy _____.
  당신이 아주 친절하다고 생각해요.

- Creo que es muy _____.
  너무 비싸다고 생각해요.

정답

- divertido
- salado
- bueno
- amable
- caro

28

바르셀로나 (Barcelona) − 보케리아 시장 (La Boqueria)

¿Cuánto es ~?   얼마예요?

- ¿Cuánto es 1 euro _____ _____?
  1유로는 '원'으로 얼마예요?

- ¿Cuánto es _____?
  전부 얼마예요?

- ¿Cuánto es _____ _____?
  할인해서 얼마예요?

- ¿Cuánto es _____?
  이거/그거/저거 얼마예요?

- ¿Cuánto son _____ _____?
  현금으로는 얼마예요?

정답

- en wones
- todo
- con descuento
- esto/eso/
  aquello
- en efectivo

A : Creo que está muy salado.

B : Perdón. ¿Quiere otro plato?

A : Sí. Menos sal, por favor.

B : Vale. Espere un momento.

A : 맛이 너무 짜다고 생각해요.

B : 죄송합니다. 다른 요리를 원하세요?

A : 소금이 덜 들어간 것으로요.

B : 알겠습니다. 잠시만 기다려주세요.

단어

- sal 소금
- esperar 기다리다
- momento 순간

A : ¿Cuánto es?

B : Son 50(cincuenta) euros.

A : Un descuento, por favor.

B : No puedo.

A : 이거 얼마예요?

B : 50유로예요.

A : 할인해주세요.

B : 그럴 수 없어요.

단어

- descuento 할인

163

29 바르셀로나 (Barcelona)
- 몬주익 언덕 (Montjuic)

오늘 배울 표현은 **어디가 명당이에요?**

몬주익 언덕은 해발 213m의 나지막한 언덕으로 올림픽 주경기장, 갤러리, 박물관, 야외극장 등 다양한 문화시설이 마련되어 있는 복합 단지가 위치해 있다. '몬주익(Montjuic)'이라는 말은 '유대인의 산'이라는 의미이며, 이곳에서 유대인들의 묘지가 발견되어 붙여진 이름이다. 언덕 위의 전망대는 바르셀로나 시내는 물론 바다까지 한눈에 볼 수 있는 뷰 포인트이며 케이블카에서 바라보는 전망도 훌륭하다. 밤에는 몬주익 언덕의 음악분수대에서 레이저와 함께 분수 쇼가 펼쳐져 화려한 볼거리를 제공하는데, 여름에는 약 3시간, 겨울에는 약 2시간 계속된다. 또한 한국인들에게는 바르셀로나 올림픽 마라톤 경기에서 우승한 황영조 선수의 기념비(2001년 경기도와 바르셀로나시가 공동으로 세움)를 발견하는 재미가 있는 곳이다.

출처 - 이강혁 - 처음 만나는 스페인 이야기 37 - 지식프레임

미리보기

이번 핫플레이스에서는
어떤 대화를 하는지
먼저 살펴볼까요?

🌹 원어민의 음성을 들어보세요.

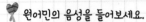

Spain_29.mp3

1

A : ¿Aquí está la colina de Montjuic?
B : Sí. Aquí está.

2

A : ¿Dónde está la fuente?
B : Está abajo.

3

A : ¿Cuál es el mejor lugar para ver la Fuente Mágica?
B : Creo que es más abajo.

1

A : 여기에 몬주익 언덕이 있나요?
B : 네. 여기입니다.

2

A : 분수는 어디에 있나요?
B : 아래에 있어요.

3

A : 분수쇼를 보기에 어디가 명당인가요?
B : 여기서 더 아래라고 생각해요.

오늘의 주요 단어입니다.
학습을 시작하기 전에
단어부터 살펴보아요.

- colina 언덕
- fuente 분수
- abajo 아래(에)
- el mejor 최고(의)
- lugar 장소
- ver 보다

- Fuente Mágica 분수쇼
- descansar 휴식하다
- tomar una foto 사진 찍다
- contemplar 둘러보다
- vista 전망
- vista nocturna 야경

실전여행

이 정도 한마디는
핫플레이스에서 꼭 해보아요.
패턴으로 완벽 암기하세요.

☆ TIP

por 전치사는 영어의 by에 해당하여
주로 이유, 수단을 나타내며 para
전치사는 영어의 for에 해당하여 주로
목적, 방향성을 나타냅니다.

¿Cuál es el mejor lugar ~? 어디가 명당이에요?

- ¿Cuál es el mejor lugar por aquí?
  이쪽에서 어디가 명당이에요?

- ¿Cuál es el mejor lugar para descansar?
  휴식하기에 어디가 명당이에요?

- ¿Cuál es el mejor lugar para tomar una foto?
  사진 찍기에 어디가 명당이에요?

- ¿Cuál es el mejor lugar para contemplar
  las vistas?
  전망을 보기에 어디가 명당이에요?

- ¿Cuál es el mejor lugar para ver la vista
  nocturna?
  야경을 보기에 어디가 명당이에요?

일지쓰기

➡ 핫플레이스에서 대화한 내용을
떠올리며 빈칸을 채워보세요.

1

A : ¿Aquí está la _____ de Montjuic?

B : Sí. Aquí está.

A : 여기에 몬주익 언덕이 있나요?

B : 네. 여기입니다.

2

A : ¿Dónde está la _____?

B : Está _____.

A : 분수는 어디에 있나요?

B : 아래에 있어요.

3

A : ¿Cuál es _____ _____ _____ para
ver la Fuente Mágica?

B : Creo que es más abajo.

A : 분수쇼를 보기에 어디가 명당인가요?

B : 여기서 더 아래라고 생각해요.

정답
··

① colina

② fuente, abajo

③ el mejor lugar

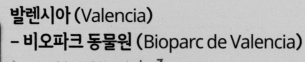

발렌시아 (Valencia)
– 비오파크 동물원 (Bioparc de Valencia)

30 ➡ 오늘 배울 표현은 ~하는 중이에요

스페인 뿐만 아니라 유럽을 통틀어 가장 큰 규모를 자랑하는 발렌시아의 동물원 비오파크는 동물원 전체를 동물들이 원래 살던 환경과 최대한 유사하게 꾸며놓았다는 점이 일반 동물원과의 차별점이다. 철창에 갇혀있는 동물이 전혀 없을 뿐만아니라 울타리가 일부 있더라도 높이가 낮기 때문에 마치 사파리 속으로 들어가 여행하는 기분을 느낄 수 있다. 또한 식물원이나 아쿠아리움도 함께 있어 보다 다채로운 관람이 가능하며, 아름다운 조경이나 휴게 공간, 놀이터 등의 편의시설도 잘 갖추어져 있기때문에 동물원을 편안하게 즐길 수 있다.

출처 – 비오빠르끄 동물원 홈페이지(bioparcvalencia.es)

이번 핫플레이스에서는
어떤 대화를 하는지
먼저 살펴볼까요?

🎤 원어민의 음성을 들어보세요.

▶ Spain_30.mp3

1

A : ¿Qué animales hay en Bioparc?
B : Hay casi todos los animales.

2

A : ¿Qué animal le gusta?
B : Me gusta el tigre.

3

A : Mira. El oso está jugando.
B : ¡Qué lindo!

1

A : 비오파크에 어떤 동물들이 있나요?
B : 거의 모든 동물들이 있어요.

2

A : 어떤 동물 좋아하세요?
B : 저는 호랑이를 좋아해요.

3

A : 봐봐요. 곰이 놀고 있는 중이에요.
B : 너무 귀여워요!

- animal 동물
- casi 거의
- todo 모든
- le gusta 당신이 좋아하다
- me gusta 내가 좋아하다
- tigre 호랑이

- oso 곰
- jugar 놀다, 경기하다
- esperar 기다리다, 기대하다
- viajar 여행하다
- charlar 담소하다
- buscar 찾다, 구하다

오늘의 주요 단어입니다.
학습을 시작하기 전에
단어부터 살펴보아요.

실전여행

이 정도 한마디는
핫플레이스에서 꼭 해보아요.
패턴으로 완벽 암기하세요.

Estar -ando/-iendo ~하는 중이에요

- Estoy esperando el taxi.

  (저는) 택시를 기다리는 중이에요.

- ¿Estás viajando por Europa?

  (너는) 유럽 여행하는 중이니?

- ¿Qué está haciendo él/ella/usted?

  그/그녀/당신은(는) 뭐 하는 중이에요?

- Estamos charlando.

  우리는 수다 떨고 있는 중이에요.

- ¿Qué estáis buscando?

  너네 뭐 찾는 중이니?

- Están escribiendo algo.

  그들은 뭔가를 적고 있어요.

⭐TIP

스페인어 현재진행형 표현은
'estar (상태)동사+현재분사'로
표현합니다. 스페인어 현재 분사는
-ar동사는 -ando, -er&-ir동사는
-iendo로 어미변화를 합니다.
한편, estar 동사의 동사변화는
estoy - estás - está -estamos -
estáis - están 이다.

일지쓰기

1

➡ 핫플레이스에서 대화한 내용을 떠올리며 빈칸을 채워보세요.

A : ¿Qué _____ hay en Bioparque?

B : Hay _____ todos los animales.

A : 비오파크에 어떤 동물들이 있나요?

B : 거의 모든 동물들이 있어요.

2

A : ¿Qué animal _____ _____?

B : _____ _____ el tigre.

A : 어떤 동물 좋아하세요?

B : 저는 호랑이를 좋아해요.

3

A : Mira. El oso _____ _____?

B : ¡Qué lundo!

A : 봐봐요. 곰이 놀고 있는 중이에요.

B : 너무 귀여워요!

정답

1 animales, casi

2 le gusta, Me gusta

3 está jugando

171

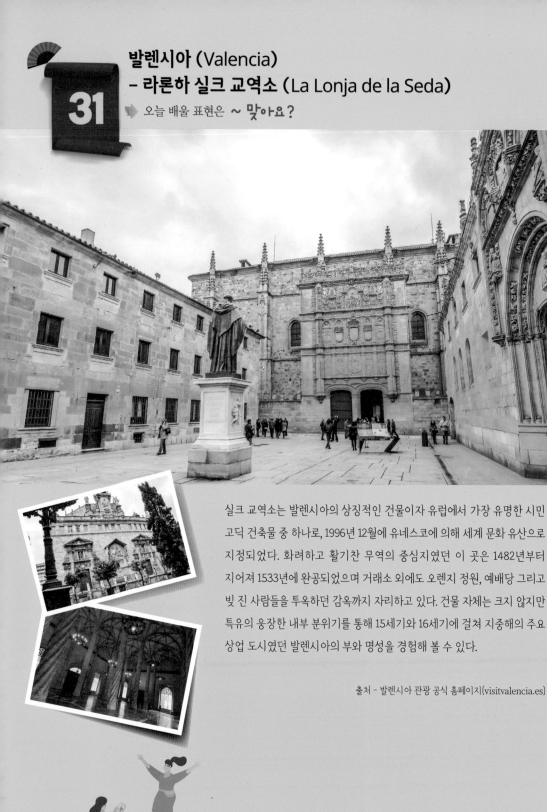

실크 교역소는 발렌시아의 상징적인 건물이자 유럽에서 가장 유명한 시민 고딕 건축물 중 하나로, 1996년 12월에 유네스코에 의해 세계 문화 유산으로 지정되었다. 화려하고 활기찬 무역의 중심지였던 이 곳은 1482년부터 지어져 1533년에 완공되었으며 거래소 외에도 오렌지 정원, 예배당 그리고 빚 진 사람들을 투옥하던 감옥까지 자리하고 있다. 건물 자체는 크지 않지만 특유의 웅장한 내부 분위기를 통해 15세기와 16세기에 걸쳐 지중해의 주요 상업 도시였던 발렌시아의 부와 명성을 경험해 볼 수 있다.

출처 – 발렌시아 관광 공식 홈페이지(visitvalencia.es)

이번 핫플레이스에서는
어떤 대화를 하는지
먼저 살펴볼까요?

🪇 원어민의 음성을 들어보세요.

▶ Spain_31.mp3

1

A : ¿Está La Lonja de la Seda en Valencia?
B : Sí. Es un sitio muy hermoso.

2

A : 'Seda' significa 'Silk' en inglés, ¿verdad?
B : Sí. Exacto.

3

A : Quiero saber el horario.
B : Se abre desde las 9(nueve) y media y
hasta las 7(siete).

1

A : 발렌시아에 실크 거래소가 있죠?
B : 네. 정말 아름다운 장소예요.

2

A : '세다'가 영어로 '실크'를 의미하는 거, 맞나요?
B : 네. 정확해요.

3

A : 운영 시간을 알고 싶어요.
B : 9시 30분부터 7시까지 열어요.

- sitio 장소
- muy 아주
- hermoso 아름다운
- significa 의미하다(significar)
- inglés 영어
- verdad 사실

- exacto 정확한
- quiero ~하고 싶다(querer)
- saber 알다
- horario 운영시간
- importante 중요한
- parada 정류장

오늘의 주요 단어입니다.
학습을 시작하기 전에
단어부터 살펴보아요.

실전여행

이 정도 한마디는
핫플레이스에서 꼭 해보아요.
패턴으로 완벽 암기하세요.

⭐TIP

verdad은 '사실'이라는 의미의 명사
표현인데 회화체에서는 문장의 끝에
쓰여 '사실이에요? / 정말이에요?
/ 맞아요?' 라는 의미로 사용된다.
한편, 스페인어로 시간을 표현할 때는
숫자 앞에 여성 정관사 la / las를
붙인다.

ej) la una 한 시, las dos 두 시,
    las tres 세 시, …

~, ¿verdad? ~ 맞아요?

- Valencia es la tercera ciudad más
  importante, ¿verdad?

  발렌시아가 스페인 3대 주요도시 맞아요?

- Está La Lonja de la Seda por aquí, ¿verdad?

  실크 무역소가 이쪽에 있는 거 맞아요?

- La Lonja de la Seda se abre hasta las
  7(siete), ¿verdad?

  실크 거래소가 7시까지 열어요, 맞죠?

- Este es el restaurante famoso, ¿verdad?

  여기가 그 유명한 레스토랑 맞아요?

- Allí está la parada de taxi, ¿verdad?

  저기에 택시 정류장이 있죠, 맞나요?

➡ 핫플레이스에서 대화한 내용을
떠올리며 빈칸을 채워보세요.

1

A : ¿Está La Lonja de la _____ en Valencia?

B : Sí. Es un sitio muy hermoso.

A : 발렌시아에 실크 거래소가 있죠?

B : 네. 정말 아름다운 장소예요.

2

A : ¿'Seda' significa 'Silk' en inglés, _____?

B : Sí. Exacto.

A : '세다'가 영어로 '실크'를 의미하는 거, 맞나요?

B : 네. 정확해요.

3

A : Quiero saber el horario.

B : Abre desde las _____ y media y hasta las _____.

A : 운영 시간을 알고 싶어요.

B : 9시 30분부터 7시까지 열어요.

정답

1 Seda
2 verdad
3 nueve, siete

발렌시아 (Valencia)
– 투리아 공원 (Jardín del Turia)

➡ 오늘 배울 표현은 **만약 ~라면**

스페인 전역에서 가장 큰 공원으로 손꼽히는 뚜리아 공원은 발렌시아의 남북을 관통하는 약 7km 길이의 공원이다. 이곳은 본래 강이었는데, 1957년에 일어난 대홍수 이후에 강을 막아 공원으로 조성했고 현재 발렌시아 주민들에게 좋은 휴식처가 되고 있다. 산책로, 레저 및 스포츠 지역, 긴장을 풀 수 있는 낭만적인 장소 등으로 구성되어 있으며, 예술과 과학의 도시(La Ciudad de las artes y las ciencias)와 동물원(Bioparc) 또한 이 공원 내에 위치하고 있다. 70미터의 걸리버 모형이 있는 장소에서는 아이들이 거대한 몸의 손가락, 머리카락, 다리에 올라타고 미끄러져 내려오는 모습을 볼 수 있고, 공원 곳곳 달리기와 자전거 타기를 즐기는 어른들의 모습도 볼 수 있다.

출처 – 발렌시아 관광 공식 홈페이지(visitvalencia.es)

이번 핫플레이스에서는
어떤 대화를 하는지
먼저 살펴볼까요?

원어민의 음성을 들어보세요.

Spain_32.mp3

1

A : ¿Cómo de largo es el jardín de Turia?
B : Tiene casi 7(siete) kilómetros.

2

A : Este parque era un río, ¿verdad?
B : Sí. Antes de la inundación.

3

A : Si tengo mucho dinero, voy a venir
aquí todos los días.
B : Yo también.

1

A : 투리아 공원이 얼마나 긴가요?
B : 거의 7 킬로미터예요.

2

A : 이 공원은 원래 강이었어요, 맞나요?
B : 네. 홍수 전에요.

3

A : 만약 내가 돈이 많다면, 매일 이곳에 올 거예요.
B : 저도요.

준비하기

➡️ 오늘의 주요 단어입니다.
학습을 시작하기 전에
단어부터 살펴보아요.

• tiene 가지다, 가지고 있다(tener)	• todos los días 매일
• era ~였다(ser)	• yo también 나도.(me too)
• río 강	• oportunidad 기회
• antes de ~이전에	• libre 자유로운, 비어있는
• inundación 홍수	• sentarse 앉다
• si 만약 ~라면	• alegre 즐거운
• ir a+inf.(동사원형) ~할 것이다	

실전여행

➡️ 이 정도 한마디는
핫플레이스에서 꼭 해보아요.
패턴으로 완벽 암기하세요.

⭐ TIP

sí는 '네(yes)'이고 si는 '~라면(If)'이기
때문에 악센트의 유무에 따른 의미
차이를 꼭 기억해 두자.

Si ~ 만약 ~라면

• Si tengo más tiempo, estaré aquí más.

만약 시간이 더 있다면, 여기서 더 있을거에요.

• Si tengo oportunidad, quiero visitar España otra vez.

만약 기회가 있다면, 스페인에 다시 방문하고 싶어요.

• Si está libre, ¿puedo sentarme?

만약 빈자리라면, 제가 앉아도 될까요?

• Si nos encontramos de nuevo, estaré feliz.

만약 우리가 다시 만난다면, 나는 행복할 거야.

• Si hablo bien el español, será un viaje más alegre.

만약 내가 스페인어를 잘한다면, 더 즐거운 여행이 될 거야.

일지쓰기

핫플레이스에서 대화한 내용을 떠올리며 빈칸을 채워보세요.

1

A : ¿_____ _____ largo es el jardín de Turia?

B : Tiene casi 7(siete) kilómetros.

A : 투리아 공원이 얼마나 긴가요?

B : 거의 7 킬로미터예요.

2

A : ¿Este parque era un río, verdad?

B : Sí. _____ _____ la inundación.

A : 이 공원은 원래 강이었어요, 맞나요?

B : 네. 홍수 전에요.

3

A : _____ vivo en Valencia, voy a venir aquí todos los días.

B : _____ _____.

A : 만약 발렌시아에 산다면, 매일 이곳에 올 거예요.

B : 저도요.

정답

1 ¿Cómo de

2 Antes de

3 Sí, Yo también

29

바르셀로나 (Barcelona) – 몬주익 언덕 (Montjuic)

¿Cuál es el mejor lugar~?   어디가 명당이에요?

- ¿Cuál es el mejor lugar _____ _____?
  이쪽에서 어디가 명당이에요?

- ¿Cuál es el mejor lugar para _____?
  휴식하기에 어디가 명당이에요?

- ¿Cuál es el mejor lugar para _____ _____ _____?
  사진 찍기에 어디가 명당이에요?

- ¿Cuál es el mejor lugar para _____ _____ _____?
  전망을 보기에 어디가 명당이에요?

- ¿Cuál es el mejor lugar para ver _____ _____ _____?
  야경을 보기에 어디가 명당이에요?

정답

- por aquí
- descansar
- tomar una foto
- contemplar las vistas
- la vista nocturna

30

발렌시아 (Valencia) – 비오파크 동물원 (Bioparc de Valencia)

Estar -ando/-iendo   ~하는 중이에요

- _____ esperando el taxi.
  (저는) 택시를 기다리는 중이에요.

- ¿Está _____ por Europa?
  (너는) 유럽 여행하는 중이니?

- ¿_____ está haciendo él/ella/Usted?
  그/그녀/당신은(는) 뭐 하는 중이에요?

- _____ charlando.
  우리는 수다 떨고 있는 중이에요.

- ¿Qué estáis _____?
  너네 뭐 찾는 중이니?

정답

- Estoy
- viajando
- Qué
- Estamos
- buscando

A : ¿Cuál es el mejor lugar para contemplar la vista nocturna?

B : Es el mirador de la ciudad.

A : ¿Dónde está?

B : Por esa dirección.

A : 야경을 감상하기에 어디가 가장 좋나요?

B : 도시의 전망대요.

A : 어디에 있어요?

B : 그쪽 방향으로 있어요.

A : ¿Qué está haciendo tu amigo?

B : No sé. Vamos a preguntarle.

A : Javier, ¿qué haces?

C : Hola, amigos. Estoy observando algo.

A : 네 친구 뭐하는 중이야?

B : 모르겠어. 그에게 물어보자.

A : 하비에르, 너 뭐하는 중이야?

C : 안녕, 친구들. 나 뭔가를 관찰하는 중이야.

다음 빈칸에 들어갈 내용을 떠올리며
앞서 다녀온 핫플레이스를 다시 기억해보세요.

31

발렌시아 (Valencia) − 라론하 실크 교역소 (La Lonja de la Seda)

~, ¿verdad? ~맞아요?

- Valencia es la tercera ciudad más_____, ¿verdad?
  발렌시아가 스페인 3대 주요도시 맞아요?

- Está La Lonja de la Seda _____ _____, ¿verdad?
  실크 무역소가 이쪽에 있는 거 맞아요?

- La Lonja de la Seda _____ hasta las siete, ¿verdad?
  실크 거래소가 7시까지 열어요, 맞죠?

- Este es el restaurante _____, ¿verdad?
  여기가 그 유명한 레스토랑 맞아요?

- Allí es la _____ de taxi, ¿verdad?
  저기가 택시 정류장이죠, 맞나요?

정답

· importante
· por aquí
· abre
· famoso
· parada

32

발렌시아 (Valencia) − 투리아 공원 (Jardín del Turia)

Si ~ 만약 ~라면

- Si tengo más tiempo, _____ aquí más.
  만약 시간이 더 있다면, 여기서 더 있고 싶다.

- Si _____ _____, quiero visitar España otra vez.
  만약 기회가 있다면, 스페인에 다시 방문하고 싶다.

- Si está libre, ¿puedo _____?
  만약 빈자리라면, 제가 앉아도 될까요?

- Si _____ _____ de nuevo, estaré feliz.
  만약 우리가 다시 만난다면, 나는 행복할 거야.

- Si _____ _____ el español, será un viaje más alegre.
  만약 내가 스페인어를 잘한다면, 더 즐거운 여행이 될 거야.

정답

· estaré
· tengo
  oportunidad
· sentarme
· nos
  encontramos,
· hablo bien

A: Valencia es la tercera ciudad más representativa de España, ¿verdad?

B: Sí. Se dice así.

A: Entonces, ¿qué ciudades son otras?

B: Son Madrid y Barcelona.

A: 발렌시아는 스페인의 가장 대표적인 3번째 도시예요, 맞나요?

B: 네. 그렇게들 말하곤 해요.

A: 그럼, 다른 도시들은 무엇인가요?

B: 마드리드와 바르셀로나예요.

단어

• tercero 세번째(의)
• representativo
　　　　　대표하는

A : Si un día tengo novio, quiero volver de nuevo a España.

B : Yo también quiero estar aquí con mi novia.

A : Oh, ¿tienes novia?

B : Francamente, no.

A : 만약 내가 남자친구가 있다면, 여기 스페인에 다시 방문하고 싶어.

B : 나도 내 여자친구랑 여기 있고 싶어.

A : 오, 너 여자친구 있니?

B : 솔직하게는, 없어.

단어

• novio 남자친구
• volver 돌아가다
• de nuevo 다시
• francamente 솔직하게

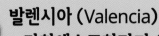

33 발렌시아 (Valencia)
– 과학예술종합단지 (Ciudad de las Artes y las Ciencias)

오늘 배울 표현은 **마음에 드세요?**

발렌시아의 예술과학종합단지는 스페인어로 직역하자면 '예술과 과학의 도시(Ciudad de las Artes y las Ciencias)'라는 의미이며, 스페인과 발렌시아의 미래를 상징한다. 이곳은 과학, 기술, 자연, 음악, 예술, 교육, 디자인, 엔터테인먼트 등을 한자리에서 즐길 수 있는 복합문화공간이며 건물들이 마치 바다에 세워진 것 같은 느낌을 준다. 발렌시아 출신의 유명 건축가 '산티아고 칼라트라바(Santiago Calatrava)'가 삼각형 구조의 형태미를 직선과 곡선을 사용하여 조개 형상으로 설계했고 마치 미래 도시에 와 있는 듯한 분위기를 느낄 수 있다. 단지 내 아쿠아리움, 3D 영화관, 과학박물관, 공연장, 실내 정원, 전시장 등으로 구성되어 있으며, 낮과 밤의 분위기가 확연히 차이나기 때문에 노을 지기 전 방문한다면 두 가지의 매력을 모두 느낄 수 있을 것이다.

출처 – 발렌시아 관광 공식 홈페이지(visitvalencia.es)

미리보기

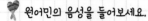
이번 핫플레이스에서는
어떤 대화를 하는지
먼저 살펴볼까요?

 원어민의 음성을 들어보세요.

Spain_33.mp3

1

A : ¿Qué hay en la Ciudad de las Artes y las
   Ciencias?
B : Hay un cine, una ópera, un acuario,
   ectcétera.

2

A : ¿Quién es Santiago Calatrava?
B : Es un famoso arquitecto de Valencia.

3

A : ¿Le gusta estar aquí?
B : Sí. Muchísimo.

1

A : 예술과 과학의 도시에는 무엇이 있나요?
B : 영화관, 오페라(하우스), 아쿠아리움 등등이 있어요.

2

A : 칼라트라바가 누구예요?
B : 발렌시아 출신이 유명한 건축가예요.

3

A : 여기 맘에 드세요?
B : 네. 정말 많이요.

- arte 예술
- ciencia 과학
- cine 영화관
- ópera 오페라(하우스)
- acuario 아쿠아리움
- arquitecto 건축가
- famoso 유명한
- le gusta 좋아하다(gustar)
- muchísimo 정말 많이
- comida 음식
- bebida 음료
- lugar 장소

➡ 오늘의 주요 단어입니다.
학습을 시작하기 전에
단어부터 살펴보아요.

실전여행

➡ 이 정도 한마디는
핫플레이스에서 꼭 해보아요.
패턴으로 완벽 암기하세요.

⭐TIP

gustar 동사는 '~에게 즐거움을
주다'라는 의미로서, '~에게'라는
의미에 해당하는 간접목적대명사
(me-te-le-nos-os-les)를 동반한다.
또한 즐거움을 주는 대상이 단수이면
동사의 3인칭 단수형 gusta, 대상이
복수이면 3인칭 복수형 gustan을
사용한다.

¿Le gusta ~? 마음에 드세요?

- ¿Le gusta Valencia?

  발렌시아 마음에 드세요?

- ¿Le gusta esta comida?

  이 음식 마음에 드세요?

- ¿Le gusta esta bebida?

  이 음료 마음에 드세요?

- ¿Le gusta este lugar?

  이 장소 마음에 드세요?

- ¿Le gusta ese hotel?

  그 호텔 마음에 드세요?

일지쓰기

➡️ 핫플레이스에서 대화한 내용을 떠올리며 빈칸을 채워보세요.

1

A : ¿Qué hay en la Ciudad de las _____ y las _____?

B : Hay un cine, una ópera, un acuario, ectcétera.

A : 예술과 과학의 도시에는 무엇이 있나요?

B : 영화관, 오페라(하우스), 아쿠아리움 등등이 있어요.

2

A : ¿Quién es Santiago Calatrava?

B : Es un famoso _____ de Valencia.

A : 칼라트라바가 누구예요?

B : 발렌시아 출신의 유명한 건축가예요.

3

A : ¿_____ _____ estar aquí?

B : Sí. Muchísimo.

A : 여기 맘에 드세요?

B : 네. 성말 넓니요.

정답

1 Artes, Ciencias
2 arquitecto
3 Le gusta

34

마요르카 (Mallorca)
– 아레날 해변 (Playa de Palma, El Arenal)

▶ 오늘 배울 표현은 ~한 경험이 있어요?

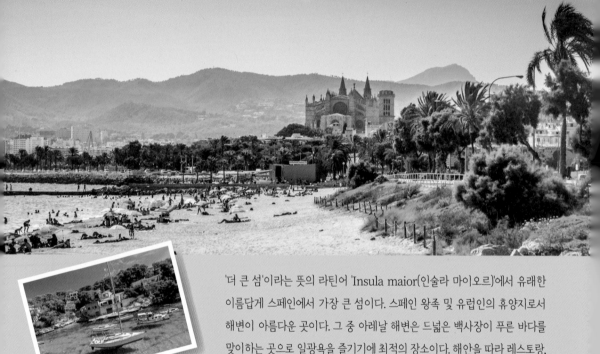

'더 큰 섬'이라는 뜻의 라틴어 'Insula maior(인술라 마이오르)'에서 유래한 이름답게 스페인에서 가장 큰 섬이다. 스페인 왕족 및 유럽인의 휴양지로서 해변이 아름다운 곳이다. 그 중 아레날 해변은 드넓은 백사장이 푸른 바다를 맞이하는 곳으로 일광욕을 즐기기에 최적의 장소이다. 해안을 따라 레스토랑, 카페, 바 등이 즐비하고 연중 따뜻하고 온화한 날씨를 선물해주기 때문에 남녀노소 할 것 없이 많은 사람이 찾는다. 한편, 마요르카 출신의 유명 인사로는 세계적인 테니스 선수인 라파엘 나달(Rafael Nadal)와 카를로스 모야(Carolos Moyá), 스페인 전 국가대표 축구선수 미겔 앙헬 나달(Miguel Angel Nadal) 등이 있고, 한국의 작곡가 안익태는 1946년 결혼 후 마요르카로 이주하여 20년 동안 이 섬에서 산 바가 있다.

출처 - 마요르카 섬 공식 홈페이지(mallorca.es/)

미리보기

 이번 핫플레이스에서는
어떤 대화를 하는지
먼저 살펴볼까요?

🎤 원어민의 음성을 들어보세요.

Spain_34.mp3

1

A : Dicen que en la isla de Mallorca hay muchos coreanos.
B : Sí. Es verdad.

2

A : ¿Qué significa 'El Arenal'?
B : Significa 'sandy beach' en inglés.

3

A : ¿Tiene experiencia en natación?
B : Todavía no.

1

A : 마요르카 섬에는 한국인들이 많이 있다고 하더라구요.
B : 네. 사실이에요.

2

A : '엘 아레날'이 무슨 뜻이에요?
B : 영어로 '모래 사장'이라는 뜻이에요.

3

A : 수영 배워 본 경험이 있나요?
B : 아직 없어요.

오늘의 주요 단어입니다.
학습을 시작하기 전에
단어부터 살펴보아요.

- dicen que ~라고 말한다
- coreano 한국인
- verdad 사실
- significa 의미하다(significar)
- tiene 가지다(tener)
- experiencia 경험
- natación 수영
- cocina 요리
- cuidado 돌봄
- viaje 여행
- visita 방문

실전여행

이 정도 한마디는
핫플레이스에서 꼭 해보아요.
패턴으로 완벽 암기하세요.

⭐ TIP

tener 동사를 2인칭 단수형(너)으로
사용하여, 'tienes'라고 사용하면
친근한 의사소통 표현이 가능하다.
tener 동사의 동사변화는 'tengo –
tienes – tiene – tenemos – tenéis
– tienen'이다.

¿Tiene experiencia ~? ~한 경험이 있어요?

- ¿Tiene experiencia **en marketing?**

  마케팅에 경험이 있으세요?

- ¿Tiene experiencia **en cocina?**

  요리에 경험이 있으세요?

- ¿Tiene experiencia **en cuidado de niños?**

  아이들을 돌보아 본 경험이 있으세요?

- ¿Tiene experiencia **en viaje por Europa?**

  유럽을 여행 한 경험이 있어요?

- ¿Tiene experiencia **en visitas a España?**

  스페인에 방문한 경험이 있어요?

핫플레이스에서 대화한 내용을 떠올리며 빈칸을 채워보세요.

1

A : _____ _____ en la isla de
     Mallorca hay muchos _____.

B : Sí. Es verdad.

A : 마요르카 섬에는 한국인들이 많이 있다고 하더라구요.

B : 네. 사실이에요.

2

A : ¿Qué significa '_____ _____'?

B : Significa 'sandy beach' _____ _____.

A : '아레날'이 무슨 뜻이에요?

B : 영어로 '모래 사장'이라는 뜻이에요.

3

A : ¿_____ _____ en natación?

B : Todavía no.

A : 수영 배워 본 경험이 있나요?

B : 아직 없어요.

마요르카 (Mallorca)
– 팔마 대성당 (Catedral de Palma)

➡ 오늘 배울 표현은 **무엇이 가장 유명해요?**

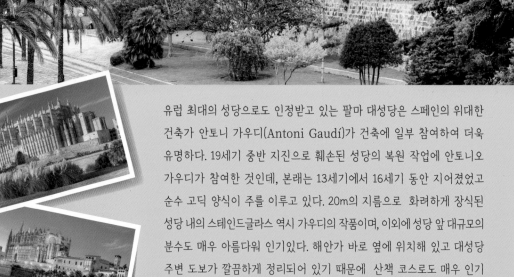

유럽 최대의 성당으로도 인정받고 있는 팔마 대성당은 스페인의 위대한 건축가 안토니 가우디(Antoni Gaudí)가 건축에 일부 참여하여 더욱 유명하다. 19세기 중반 지진으로 훼손된 성당의 복원 작업에 안토니오 가우디가 참여한 것인데, 본래는 13세기에서 16세기 동안 지어졌었고 순수 고딕 양식이 주를 이루고 있다. 20m의 지름으로 화려하게 장식된 성당 내의 스테인드글라스 역시 가우디의 작품이며, 이외에 성당 앞 대규모의 분수도 매우 아름다워 인기있다. 해안가 바로 옆에 위치해 있고 대성당 주변 도보가 깔끔하게 정리되어 있기 때문에 산책 코스로도 매우 인기 있는 장소이다.

출처 - 팔매 대성당 공식 홈페이지(catedraldemallorca.org/)

이번 핫플레이스에서는
어떤 대화를 하는지
먼저 살펴볼까요?

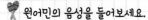원어민의 음성을 들어보세요.

Spain_35.mp3

1

A : ¿Antonio Gaudí construyó la Catedral de Palma?

B : Se dice que se colaboró con Gaudí.

2

A : ¿Qué estilo tiene la Catedral de Palma?

B : Es gótico puro.

3

A : ¿Qué es lo más famoso de la Catedral de Palma?

B : Es una de las catedraldes más grandes de Europa.

1

A : 안토니오 가우디가 팔마 대성당을 건축했나요?

B : 가우디와 공동작업했다고 하더라구요.

2

A : 팔마 대성당은 어떤 양식을 가지고 있나요?

B : 순수 고딕 양식으로 되어 있어요.

3

A : 팔마 대성당의 무엇이 가장 유명해요?

B : 유럽에서 가장 큰 성당 중에 하나예요.

오늘의 주요 단어입니다.
학습을 시작하기 전에
단어부터 살펴보아요.

- construyó 건축했다(construir)
- catedral 성당
- colaboró 공동 작업했다(colaborar)
- famoso 유명한
- es uno/a de ~ 중의 하나이다
- puro 순수한
- grande 큰
- Europa 유럽
- España 스페인
- Corea 한국

이 정도 한마디는
핫플레이스에서 꼭 해보아요.
패턴으로 완벽 암기하세요.

¿Qué es lo más famoso ~?
무엇이 가장 유명해요?

- ¿Qué es lo más famoso de España?

  스페인에서 무엇이 가장 유명해요?

- ¿Qué es lo más famoso de Corea?

  한국에서 무엇이 가장 유명해요?

- ¿Qué es lo más famoso de este restaurante?

  이 레스토랑에서 무엇이 가장 유명해요?

- ¿Qué es lo más famoso de esta ciudad?

  이 도시에서 무엇이 가장 유명해요?

- ¿Qué es lo más famoso de aquí?

  이곳에서 무엇이 가장 유명해요?

☆ TIP

'lo más ~ de ...' 표현은 최상급
표현으로서 '가장 ~한'이라는 의미를
가지고 있다. 이 때 'lo'는 중성
관사이며, 대상을 남성과 여성으로
구분하지 않을 때 사용한다. 때문에 이
자리에 대상의 성에 따라, 여성 정관사
la 혹은 남성 정관사 el 을 위치시킬
수도 있다. 또한 대상이 복수라면 여성
정관사 복수형 las, 남성 정관사 복수형
los 를 위치시킬 수 있다.

1

핫플레이스에서 대화한 내용을
떠올리며 빈칸을 채워보세요.

A : ¿Antonio Gaudí _____ la Catedral de
Palma?

B : Se dice que se _____ con Gaudí.

A : 안토니오 가우디가 팔마 대성당을 건축했나요?

B : 일부를 공동 작업했다고 하더라고요.

2

A : ¿_____ estilo tiene la Catedral de
Palma?

B : Es gótico _____.

A : 팔마 대성당은 어떤 양식을 가지고 있나요?

B : 순수 고딕 양식으로 되어 있어요.

3

A : ¿Qué es _____ _____ _____
de la Catedral de Palma?

B : Es una de las catedrales más _____ de
Europa.

A : 팔마 대성당의 무엇이 가장 유명해요?

B : 유럽에서 가장 큰 성당 중에 하나예요.

정답

1 construyó, colaboró

2 Qué, puro

3 lo más famoso, grandes

스페인 남부

36 대성당과 히랄다탑
37 세비야 알카사르
38 황금의 탑
39 스페인 광장
40 피카소 박물관
42 투우경기장
43 말라게타 해변
41 알카사바

코르도바
그라나다
말라가
세비야

36 세비야 (Sevilla)
– 대성당과 히랄다탑 (La Catedral de Sevilla y la Giralda)

오늘 배울 표현은 **왜 인기 있어요?**

세비야는 스페인 남서부 안달루시아 지방에 위치한 대도시로, 스페인에서 마드리드, 바르셀로나, 발렌시아 다음으로 큰 도시이다. 콜럼버스의 항해가 시작된 곳으로 과거 스페인 제국의 대표적인 무역 도시였다. 마드리드에서는 고속철도 '아베(AVE)'를 이용하면 2시간 30분 내외로 도착할 수 있다. 한편, 유럽에서 3번째로 큰 성당인 세비야 대성당은 1402년부터 약 1세기에 걸쳐서 건축되었다. 이슬람 모스크를 개조하여서 그 흔적은 물론 고딕, 신고딕, 르네상스 양식이 혼합된 모습을 갖추고 있는 것이 특징이다. 이곳의 남쪽 문 근처에는 콜럼버스 묘(관)가 있는데 지하에 안치되어 있지 않고, 네 명의 카톨릭 왕들의 동상이 어깨에 관을 멘 동상에 있다.

출처 - 안달루시아 관광 공식 홈페이지 (andalucia.org/en/sevilla)

미리보기

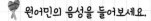
 이번 핫플레이스에서는
어떤 대화를 하는지
먼저 살펴볼까요?

원어민의 음성을 들어보세요.

Spain_36.mp3

1

A : ¿Por qué es popular la Catedral de Sevilla?
B : Porque es muy hermosa y también está la tumba de Columbus.

2

A : ¿Te gusta la Giralda?
B : Sí. Es un buen sitio para ver el paisaje.

3

A : ¿La Catedral de Sevilla es una de las catedrales más grandes?
B : Sí. Es una de las catedrales más grandes de Europa.

1

A : 왜 세비야의 성당이 인기 있나요?
B : 왜냐하면 정말 아름답고 또한 콜럼버스의 묘지가 있기 때문이에요.

2

A : 히랄다 탑 좋아하세요?
B : 네. 경치를 보기에 좋은 장소네요.

3

A : 세비야 대성당이 가장 큰 대성당 중 하나예요?
B : 유럽에서 가장 큰 성당 중에 하나예요.

- por qué 왜
- porque 왜냐하면
- popular 인기 있는
- catedral (대)성당
- tumba 묘지
- te gusta 네가 좋아하다
  (너에게 즐거움을 주다)

- sitio 장소
- paisaje 풍경
- grande 큰
- obra de arte 예술작품
- edificio 건물
- persona 사람
- objeto 물건

실전여행

이 정도 한마디는
핫플레이스에서 꼭 해보아요.
패턴으로 완벽 암기하세요.

¿Por qué es popular ~? 왜 인기 있어요?

⭐TIP

형용사 popular(인기 있는)는 수식
받는 명사가 복수라면 populares로
변화한다. 즉, 스페인어 복수화
법칙은 다음과 같다.

1. 어휘가 모음으로 끝났을 때: +s
   ej) casa 집 → casas 집들
2. 어휘가 자음으로 끝났을 때: +es
   ej) hotel 호텔 → hoteles
3. 어휘가 -z로 끝났을 때: -ces
   ej) lápiz 연필 → lápices 연필들

- ¿Por qué es popular esta obra de arte?

  이 미술 작품이 왜 인기 있어요?

- ¿Por qué es popular esta comida?

  이 음식이 왜 인기 있어요?

- ¿Por qué es popular este edificio?

  이 건물이 왜 인기 있어요?

- ¿Por qué es popular esta bebida?

  이 음료가 왜 인기 있나요?

- ¿Por qué es popular este objeto?

  이 물건이 왜 인기 있어요?

일지쓰기

➡ 핫플레이스에서 대화한 내용을 떠올리며 빈칸을 채워보세요.

1

A : ¿_____ _____ _____ _____ la Catedral de Sevilla?

B : Porque es muy hermosa y también está la _____ de Columbus.

A : 왜 세비야의 성당이 인기 있나요?

B : 왜냐하면 정말 아름답고 또한 콜럼버스의 묘지가 있기 때문이에요.

2

A : ¿_____ _____ la Giralda?

B : Sí. Es un buen _____ para ver el paisaje.

A : 히랄다 탑 좋아하세요?

B : 네. 경치를 보기에 좋은 장소예요.

2

A : ¿La Catedral de Sevilla es una de las _____ más grandes?

B : Sí. Es una de las catedrales más _____ de Europa.

A : 세비야 대성당이 가장 큰 대성당 중 하나예요?

B : 유럽에서 가장 큰 성당 중에 하나예요.

정답

① Por qué es popular, tumba
② Te gusta, sitio
③ catedrales, grandes

기억하기 다음 빈칸에 들어갈 내용을 떠올리며
앞서 다녀온 핫플레이스를 다시 기억해보세요.

33

발렌시아 (Valencia) – 과학예술종합단지 (Ciudad de las Artes y las Ciencias)

¿Le gusta ~? 마음에 드세요?

- ¿_____ _____ Valencia?
  발렌시아 마음에 드세요?

- ¿Le gusta _____ _____?
  이 음식 마음에 드세요?

- ¿Le gusta _____ _____?
  이 음료 마음에 드세요?

정답

· Le gusta
· esta comida
· esta bebida
· este lugar
· ese hotel

- ¿Le gusta _____ _____?
  이 장소 마음에 드세요?

- ¿Le gusta _____ _____?
  그 호텔 마음에 드세요??

34

마요르카 (Mallorca) – 아레날 해변 (Playa de Palma , El Arenal)

¿Tiene experiencia ~? ~한 경험이 있어요?

- ¿Tiene _____ en marketing?
  마케팅에 경험이 있으세요?

- ¿Tiene experiencia _____ _____?
  요리에 경험이 있으세요?

- ¿Tiene experiencia en _____ de niños?
  아이들을 돌보아 본 경험이 있으세요?

정답

· experiencia
· en cocina
· cuidado
· viajar
· Tiene

- ¿Tiene experiencia en _____ por Europa?
  유럽을 여행 한 경험이 있어요?

- ¿_____ experiencia en visitas a España?
  스페인에 방문한 경험이 있어요?

202

A : ¿Le gusta ese hotel?

B : Sí. Me gusta mucho.

A : ¿Qué le parece?

B : Está limpio.

A : 그 호텔 마음에 드세요?

B : 네. 아주 좋아요.

A : 어때요?

B : 깨끗해요.

단어

· limpio 깨끗한

A : ¿Tiene experiencia de visitar Corea?

B : Todavía no. Pero quiero ir.

A : Si viene a Corea, puede contactarme.

B : Vale. Gracias.

A : 한국을 방문한 경험이 있어요?

B : 아직까지는 아니에요. 하지만 가고 싶어요.

A : 만약 한국에 오시면, 저에게 연락주세요.

B : 알겠어요. 감사해요.

단어

· contactar 연락하다

35

마요르카 (Mallorca) – 팔마 대성당 (Catedral de Palma)

¿Qué es lo más famoso ~?   무엇이 가장 유명해요?

- ¿Qué es lo más famoso de _____?
  스페인에서는 무엇이 가장 유명해요?

- ¿Qué es _____ _____ _____ de Corea?
  한국에서는 무엇이 가장 유명해요?

- ¿Qué lo más famoso en este _____?
  이 레스토랑에서 무엇이 가장 유명해요?

- ¿_____ es lo más famoso en esta ciudad?
  이 도시에서 무엇이 가장 유명해요?

- ¿Qué _____ _____ _____ famoso aquí?
  여기서 무엇이 가장 유명해요?

정답
- España
- lo más
  famoso
- restaurante
- Qué
- es lo más

36

세비야 (Sevilla) – 대성당과 히랄다탑 (Catedral de Sevilla y La Giralda)

¿Por qué es popular ~?   왜 인기 있어요?

- ¿Por qué es _____ esta obra de arte?
  이 미술 작품 왜 유명해요?

- ¿Por qué es popular esta _____?
  이 음식이 왜 유명해요?

- ¿_____ qué es popular este edificio?
  이 건물이 왜 유명해요?

- ¿Por _____ _____ popular esta bebida?
  이 음료가 왜 인기 있나요?

- ¿Por qué es popular este _____?
  이 물건이 왜 유명해요?

정답
- popular
- comida
- Por
- qué es
- objeto

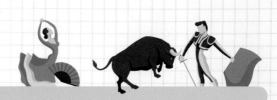

A : ¿Qué es lo más famoso en esta ciudad?

B : Por supuesto, la playa.

A : ¿Le gusta nadar?

B : Claro que sí.

A : 이 도시에서 무엇이 가장 유명해요?

B : 당연히 해변이에요.

A : 수영하는 거 좋아하세요?

B : 당연히 그렇죠.

A : Buenas. Quiero comprar un recuerdo.

B : Bienvenido. Le recomiendo este.

A : ¿Por qué es popular este objeto?

B : Porque está relacionado con las corridas de toros.

A : 안녕하세요. 기념품을 하나 사려고 해요.

B : 환영합니다. 당신께 이것을 추천해드려요.

A : 왜 이 물건이 인기 있나요?

B : 투우와 관련되었기 때문이에요.

단어

• recuerdo 기념품
• bienvenido 환영
• relacionado 관련된

세비야 (Sevilla)
– 세비야 알카사르 (Real Alcázar de Sevilla)

37

오늘 배울 표현은 ~를 추천해주세요

안달루시아 지방의 예술, 문화, 금융의 중심 도시인 세비야는 고대 로마 시절 '히스팔리스(라틴어: Hispalis)'로 불리다가 무어인 지배기에는 "시장이 열리는 곳"이란 뜻의 아랍어 '이쉬빌리아(أشبيلية)'로 불렸다. 도시의 표어 NO8DO는 "No me ha dejado"를 축약한 것으로 카스티야 왕국 시절 알폰소 10세가 처음 사용하였다. "성모는 우리를 져버리지 않는다."는 뜻이다. 세비야의 자랑 알카사르(Alcázar-궁전 또는 성을 의미)는 이슬람과 스페인 양식이 결합된 전형적인 무데하르 양식의 성이며 '소녀의 정원', '인형의 정원' 등 내부에 아름다운 정원들이 자리하고 있고 주변 기동에 장식된 화려하고 섬세한 조각들로 눈길을 끈다. 더불어 '대사의 방'에는 기하학적 문양으로 표현된 타일 기둥과 정밀한 세공기법으로 완성된 둥근 천장 장식이 성의 아름다움을 자랑하고 있다.

출처 - 안달루시아 관광 공식 홈페이지 (andalucia.org/en/sevilla)

미리보기

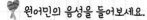
이번 핫플레이스에서는
어떤 대화를 하는지
먼저 살펴볼까요?

🎉 원어민의 음성을 들어보세요.

Spain_37.mp3

1

A : ¿El Real Alcázar de Sevilla es Patrimonio de la Humanidad?

B : Sí. La Unesco lo declaró en el año 1987(mil novecientos ochenta y siete)..

2

A : Me recomienda la mejor hora para visitar, por favor.

B : Pues, le recomiendo la hora antes de anochecer.

3

A : ¿Está abierto todos los días?

B : Sí. Pero comprueba los días festivos.

1

A : 세비야의 알카사르가 유네스코 세계문화유산인가요?

B : 네. 유네스코가 1987년에 선정했어요.

2

A : 방문하기 가장 좋은 시간을 추천해주세요.

B : 글쎄요, 밤이 되기 전 시간을 추천합니다.

3

A : 매일 여나요?

B : 네. 하지만 휴일을 확인해보세요.

오늘의 주요 단어입니다.
학습을 시작하기 전에
단어부터 살펴보아요.

- Patrimonio de la Humanidad 문화유산
- Unesco 유네스코
- lo 그것(앞사실, 앞문장 전체)
- declaró 지정하다
  (declarar 단순 과거형)
- recomiendo 추천하다
  (Recomendar)
- anochecer 밤이 되다

- abierto 열린
- todos los días 매일
- comprueba 확인하다
  (comprobar)
- los días festivos 공휴일
- turismo 관광
- actividad 활동
- palabra 단어, 말

실전여행

이 정도 한마디는
핫플레이스에서 꼭 해보아요.
패턴으로 완벽 암기하세요.

Me recomienda ~, por favor.
~를 추천해주세요

☆ TIP

por favor는 영어의 please에
해당하는 표현으로서, 무엇인가를
부탁하거나 공손하게 말할 때 사용할
수 있다. '~해주세요, ~부탁합니다'로
해석할 수 있고, 단독으로 사용한다면
'제발요'라는 의미로 사용할 수 있다.

· Me recomienda **un menú**, por favor.

메뉴 추천해주세요.

· Me recomienda **un lugar de turismo**, por favor.

관광지 추천해주세요.

· Me recomienda **un hotel o un hostal**, por favor.

호텔이나 호스텔 추천해주세요.

· Me recomienda **algunas actividades**, por favor.

액티비티들을 추천해주세요.

· Me recomienda **algunas palabras españolas**, por favor.

스페인어 말들을 추천해주세요.

일지쓰기

➡ 핫플레이스에서 대화한 내용을
떠올리며 빈칸을 채워보세요.

1

A : ¿El Real Alcázar de Sevilla es
_____ _____ la Humanidad?

B : Sí. La Unesco _____ declaró en el año
1987(mil novecientos ochenta y siete).

A : 세비야의 알카사르가 유네스코 세계문화유산인가요?

B : 네. 유네스코가 1987년에 선정했어요.

2

A : _____ _____ la mejor hora para
visitar, _____ _____.

B : Pues, le recomiendo la hora antes de
_____.

A : 방문하기 가장 좋은 시간을 추천해주세요.

B : 글쎄요. 밤이 되기 전 시간을 추천합니다.

3

A : ¿Está _____ todos los días?

B : Sí. Pero comprueba los _____ _____.

A : 매일 여나요?

B : 네. 하지만 휴일을 확인해보세요.

정답

1 Patrimonio de, lo

2 Me recomienda, por favor,
anochecer

3 abierto, días festivos

세비야 (Sevilla)
– 황금의 탑 (Torre del Oro)

오늘 배울 표현은 ~라고 하던데요

'스페인'하면 떠올려지는 '황금'과 '플라멩코' 그리고 아마도 이 단어들과 가장 밀접한 도시로서 '세비야'를 손꼽는 사람들이 많을 것이다. 현지인들에게도 인기 있는 플라멩코(Flamenco)는 대규모의 공연장에서 관람하는 방법과 소규모의 극장에서 즐기는 방법이 있는데 각기 다른 매력이 있어서 어느 식으로 관람하든 만족할 것이다. 한편, 세비야의 '황금의 탑'은 1220년 이슬람교도가 과달키비르강을 통과하는 배를 검문하기 위해서 세운 탑이다. 과거 이곳에서 마젤란이 세계일주 항해를 떠난 것으로 여겨지며 현재는 해양박물관이 자리 잡고 있다. 이름의 유래에 대해서는 초기에는 탑의 외부를 황금 타일로 덮었다는 설과 실제 16~17세기에 신대륙에서 가져온 황금을 보관해 두었기 때문이라는 설 등이 있다.

출처 – 세비야 관광 공식 홈페이지 (visitasevilla.es/)

미리보기

이번 핫플레이스에서는
어떤 대화를 하는지
먼저 살펴볼까요?

💃 원어민의 음성을 들어보세요.

🎬 Spain_38.mp3

1

A : ¿La Torre del Oro estaba cubierta de oro?
B : Sí. Al principio.

2

A : Se dice que la Torre del Oro simboliza
algo de España.
B : Ah, simboliza un periodo de plena
prosperidad.

3

A : ¿Magallanes comenzó la vuelta al mundo
desde la Torre del Oro?
B : Sí. En el año 1519(mil quinientos
diecinueve).

1

A : 황금의 탑이 (예전에는) 황금으로 덮혀 있었어요?
B : 네. 초기예요.

2

A : 황금의 탑이 스페인의 무언가를 상징한다고 들었는데요.
B : 아, 스페인의 전성기를 상징해요.

3

A : 마젤란이 황금의 탑에서부터 세계일주를 떠났나요?
B : 네. 1519년이에요.

준비하기

➡ 오늘의 주요 단어입니다.
학습을 시작하기 전에
단어부터 살펴보아요.

- Torre del Oro 황금의 탑
- cubierto 덮힌
- al principio 초기에
- simboliza 상징하다 (simbolizar)
- el período de plena prosperidad 전성기
- comenzó 시작했다(comenzar)
- la vuelta al mundo 세계일주
- año 해
- caliente 뜨거운
- español/a 스페인 사람(남/녀)
- apasionado 열정적인
- así 그렇게

실전여행

➡ 이 정도 한마디는
핫플레이스에서 꼭 해보아요.
패턴으로 완벽 암기하세요.

☆ TIP

'Se dice que ~' 표현에서 대명사
se는 '무인칭(비인칭) 대명사 se'로서,
'사람들(gente, 영어의 people)'을
의미한다. 또한 'dice'는 '말하다'라는
뜻으로, 동사원형은 'decir'이며,
'digo – dices – dice – decimos –
decís –'dicen'으로 동사변화한다.

Se dice que ~ ~라고 하던데요

- Se dice que el sol de España es muy caliente.

  스페인의 태양은 아주 뜨겁다고 하던데요.

- Se dice que los españoles son muy apasionados.

  스페인 사람들은 아주 열정적이라고 하던데요.

- Se dice que aquí es muy famoso.

  여기가 아주 유명하다고 하더라고요.

- Se dice que aquí es muy bueno.

  여기가 아주 좋다고 하던데요.

- Se dice que no es así.

  그렇지 않다고 하던데요.

➡ 핫플레이스에서 대화한 내용을 떠올리며 빈칸을 채워보세요.

1

A : ¿La Torre del Oro estaba _____ de oro?

B : Sí. _____ _____ .

A : 황금의 탑이 (예전에는) 황금으로 덮여 있었어요?

B : 네. 초기예요.

2

A : _____ _____ _____ la Torre del Oro simboliza algo de España.

B : Ah, _____ un periodo de plena prosperidad.

A : 황금의 탑이 스페인의 무언가를 상징한다고 들었는데요.

B : 아, 스페인의 전성기를 상징해요.

3

A : ¿Magallanes comenzó _____ _____ _____ _____ dedse la Torre del Oro?

B : Sí. En el _____ 1519(mil quinientos diecinueve).

A : 마젤란이 황금의 탑에서부터 세계일주를 떠났나요?

B : 네. 1519년이에요.

정답

① cubierta , Al principio

② Se dice que, simboliza

③ la vuelta al mundo, año

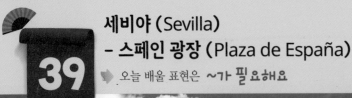

39 세비야 (Sevilla)
– 스페인 광장 (Plaza de España)

➡️ 오늘 배울 표현은 ~가 필요해요

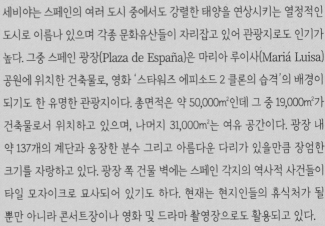

세비야는 스페인의 여러 도시 중에서도 강렬한 태양을 연상시키는 열정적인 도시로 이름나 있으며 각종 문화유산들이 자리잡고 있어 관광지로도 인기가 높다. 그중 스페인 광장(Plaza de España)은 마리아 루이사(Mariá Luisa) 공원에 위치한 건축물로, 영화 '스타워즈 에피소드 2 클론의 습격'의 배경이 되기도 한 유명한 관광지이다. 총면적은 약 50,000㎡인데 그 중 19,000㎡가 건축물로서 위치하고 있으며, 나머지 31,000㎡는 여유 공간이다. 광장 내 약 137개의 계단과 웅장한 분수 그리고 아름다운 다리가 있을만큼 장엄한 크기를 자랑하고 있다. 광장 쪽 건물 벽에는 스페인 각지의 역사적 사건들이 타일 모자이크로 묘사되어 있기도 하다. 현재는 현지인들의 휴식처가 될 뿐만 아니라 콘서트장이나 영화 및 드라마 촬영장으로도 활용되고 있다.

출처 – 세비야 관광 공식 홈페이지 (visitasevilla.es/)

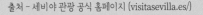

미리보기

 이번 핫플레이스에서는
어떤 대화를 하는지
먼저 살펴볼까요?

🪇 원어민의 음성을 들어보세요.

📱 Spain_39.mp3

1

A : ¡Qué grande es la Plaza de España!
B : ¡Claro! Tiene una extensión de 50.000m².
(cincuenta mil metros cuadrados.)

2

A : ¿Qué horario tiene la Plaza de España?
B : Desde las 8(ocho) de la mañana y hasta
las 9(nueve) de la noche.

3

A : Necesito una guía coreana.
B : Voy a comprobarlo.

1

A : 스페인 광장 정말 크네요!
B : 당연하죠! 면적이 5만 제곱미터예요.

2

A : 스페인 광장 운영시간이 어떻게 돼요?
B : 오전 8시부터 저녁 9시까지예요.

3

A : 한국인 가이드가 필요해요.
B : 확인해보겠습니다.

오늘의 주요 단어입니다.
학습을 시작하기 전에
단어부터 살펴보아요.

- plaza 광장
- claro 당연한(회화체–당연하지)
- extensión 면적
- guía 가이드
- coreano 한국의, 한국인
- paraguas 우산

- crema 크림
- gafas 안경
- sol 태양
- solar 태양의
- comprobar 확인하다
- toalla 수건

실전여행

이 정도 한마디는
핫플레이스에서 꼭 해보아요.
패턴으로 완벽 암기하세요.

⭐ TIP

Necesitar 동사는 규칙 동사로서,
인칭에 따라 necesito – necesitas –
necesita – necesitamos – necesitáis
– necesitan 으로 변화한다. –ar형
규칙동사의 어미 변화는 –o / –as /
–a / –amos /–áis / an 이다.

Necesito ~ ~가 필요해요.

- Necesito **paraguas.**

  우산이 필요해요.

- Necesito **crema solar.**

  선크림이 필요해요.

- Necesito **gafas de sol.**

  선글라스가 필요해요.

- Necesito **Tylenol.**

  타이레놀이 필요해요.

- Necesito **toallas.**

  수건이 필요해요.

일지쓰기

➡ 핫플레이스에서 대화한 내용을
떠올리며 빈칸을 채워보세요.

1

A : ¡Qué _____ es la Plaza de España!

B : ¡_____! Tiene una extensión de 50,000 m². (cincuenta mil metros cuadrados).

A : 스페인 광장 정말 크네요!

B : 당연하죠! 면적이 5만 제곱 미터예요.

2

A : ¿Qué horario tiene la Plaza de España?

B : Desde las 8(ocho) de la _____ y hasta las 9(nueve) de la _____.

A : 스페인 광장 운영시간이 어떻게 돼요?

B : 오전 8시부터 저녁 9시까지예요.

3

A : _____ una guía coreana.

B : Voy a comprobarlo.

A : 한국인 가이드가 필요해요.

B : 확인해보겠습니다.

정답

1 grande, Claro
2 mañana, noche
3 Necesito

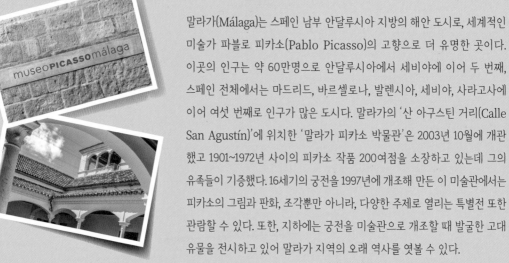

말라가(Málaga)는 스페인 남부 안달루시아 지방의 해안 도시로, 세계적인 미술가 파블로 피카소(Pablo Picasso)의 고향으로 더 유명한 곳이다. 이곳의 인구는 약 60만명으로 안달루시아에서 세비야에 이어 두 번째, 스페인 전체에서는 마드리드, 바르셀로나, 발렌시아, 세비야, 사라고사에 이어 여섯 번째로 인구가 많은 도시다. 말라가의 '산 아구스틴 거리(Calle San Agustín)'에 위치한 '말라가 피카소 박물관'은 2003년 10월에 개관했고 1901~1972년 사이의 피카소 작품 200여점을 소장하고 있는데 그의 유족들이 기증했다. 16세기의 궁전을 1997년에 개조해 만든 이 미술관에서는 피카소의 그림과 판화, 조각뿐만 아니라, 다양한 주제로 열리는 특별전 또한 관람할 수 있다. 또한, 지하에는 궁전을 미술관으로 개조할 때 발굴한 고대 유물을 전시하고 있어 말라가 지역의 오래 역사를 엿볼 수 있다.

출처 - 말라카 피카소 박물관 공식 홈페이지 (museopicassomalaga.org/)

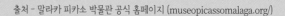

이번 핫플레이스에서는
어떤 대화를 하는지
먼저 살펴볼까요?

🎤 원어민의 음성을 들어보세요.

▶ Spain_40.mp3

1

A : ¿Cuánto es la entrada del Museo Picasso?
B : Son 8(ocho) euros para adultos.

2

A : ¿Cuántas obras tiene el museo?
B : Tiene 155(ciento cincuenta y cinco) obras.

3

A : Quiero reservar el servicio de docente.
B : Un momento, por favor.

1

A : 피카소 미술관의 입장료는 얼마예요?
B : 성인은 8유로예요.

2

A : 미술관에 몇 개의 작품들이 있어요?
B : 155개의 작품들이 있어요.

3

A : 도슨트 서비스를 예약하고 싶습니다.
B : 잠시만 기다려주세요.

준비하기

➡ 오늘의 주요 단어입니다.
학습을 시작하기 전에
단어부터 살펴보아요.

- **entrada** 입구, 입장권
- **adulto** 성인
- **obra** 작품
- **tiene** 가지고 있다(tener)
- **resarbar** 예약하다
- **servicio** 서비스
- **docente** 교육자, 작품 해설자
- **habitación** 방
- **mesa** 테이블
- **billete** 티켓
- **asiento** 자리
- **coche** 자동차
- **alquiler** 임대

실전여행

➡ 이 정도 한마디는
핫플레이스에서 꼭 해보아요.
패턴으로 완벽 암기하세요.

⭐ TIP

Querer 동사는 동사원형과 함께
'~하고 싶다'라는 의미로 사용할 수 있어
활용도가 높은 동사이다. 동사변화는
'(나)quiero – (너) quieres –
(그/그녀/당신) quiere – (우리)
queremos – (너희) queréis –
(그들/그녀들/당신들) quieren'이다.

Quiero reservar ~ ~를 예약하고 싶어요.

- Quiero reservar **una habitación.**

  방 하나를 예약하고 싶어요.

- Quiero reservar **una mesa.**

  테이블 하나를 예약하고 싶어요.

- Quiero reservar **un billete.**

  티켓 한 장을 예약하고 싶어요.

- Quiero reservar **un asiento.**

  자리를 하나 예약하고 싶어요.

- Quiero reservar **un coche de alquiler.**

  렌트카 한 대를 예약하고 싶어요.

일지쓰기

➡ 핫플레이스에서 대화한 내용을
떠올리며 빈칸을 채워보세요.

1

A : ¿Cuánto es _____ _____ del
Museo Picasso?

B : Son 8(ocho) euros para _____.

A : 피카소 미술관의 입장료는 얼마예요?

B : 성인은 8유로예요.

2

A : ¿Cuántas obras _____ el museo?

B : _____ 155(ciento cincuenta y cinco)
obras.

A : 미술관에 몇 개의 작품들이 있어요?

B : 155개의 작품들이 있어요.

3

A : _____ _____ el servicio de docente.

B : Un momento, por favor.

A : 도슨트 서비스를 예약하고 싶습니다.

B : 잠시만 기다려주세요.

정답

1 la entrada, adultos

2 tiene , tiene

3 Quiero reservar

37

세비야 (Sevilla) – 세비야 알카사르 (Alcázar de Sevilla)

Me recomienda ~, por favor ～를 추천해주세요

- Me recomienda _____ _____, por favor.
  메뉴 추천해주세요.

- Me recomienda _____ _____ de turismo, por favor.
  관광지 추천해주세요.

- Me _____ un hotel o un hostal, por favor.
  호텔이나 호스텔 추천해주세요.

- Me recomienda _____ _____, por favor.
  액티비티들을 추천해주세요.

- Me recomienda _____ _____ _____, por favor.
  스페인어 말들을 추천해주세요.

정답

· un menú
· un lugar
· recomienda
· algunas
  actividades
· algunas
  palabras
  españolas

38

세비야 (Sevilla) – 황금의 탑 (Torre del Oro)

Se dice que ~ ～라고 하던데요

- Se dice que el sol de España _____ _____ caliente.
  스페인의 태양은 아주 뜨겁다고 하던데요.

- Se dice que los españoles son muy _____.
  스페인 사람들은 아주 열정적이라고 하던데요.

- _____ _____ que aquí es muy famoso.
  여기가 아주 유명하다고 하더라고요.

- Se dice que aquí es _____ _____.
  여기가 아주 좋다고 하던데요.

- Se dice que _____ _____ _____.
  그렇지 않다고 하던데요.

정답

· es muy
· apasionados
· Se dice
· muy bueno
· no es así

A : ¿Quiere pedir ahora?

B : Sí. Me recomienda un menú, por favor.

A : La paella es nuestra especialidad.

B : Entonces, quiero pedirla.

A : 지금 주문하시겠어요?

B : 네. 메뉴를 추천해주세요.

A : 파에야가 저희 스페셜 메뉴예요.

B : 그럼, 그것을 주문하고 싶군요.

단어

- pedir 주문하다
- nuestro 우리의
- especialidad 특기

A : Se dice que los españoles son muy apasionados.

B : Yo también lo creo.

A : Creo que es porque el sol calienta mucho en España.

B : Puede ser.

A : 스페인 사람들이 아주 열정적이라고 하더라고요.

B : 저도 그렇게 생각해요.

A : 스페인의 아주 뜨거운 태양 때문일 거라 생각해요.

B : 그럴 수도 있겠네요.

단어

- calentar 뜨겁게 하다

기억하기

다음 빈칸에 들어갈 내용을 떠올리며
앞서 다녀온 핫플레이스를 다시 기억해보세요.

39

세비야 (Sevilla) – 스페인 광장 (Plaza de España)

Necesito ~   ~가 필요해요

- _____ paraguas.
  우산이 필요해요.

- Necesito _____ _____.
  선크림이 필요해요.

- Necesito _____ de sol.
  선글라스가 필요해요.

- Necesito _____.
  타이레놀이 필요해요.

- Necesito _____.
  수건이 필요해요.

정답

- Necesito
- crema solar
- gafas
- Tylenol
- toallas

40

말라가 (Málaga) – 피카소 박물관 (Museo Picasso)

Quiero reservar ~   ~를 예약하고 싶어요

- _____ reservar una habitación.
  방 하나를 예약하고 싶어요.

- Quiero reservar _____ _____.
  테이블 하나를 예약하고 싶어요.

- Quiero _____ billete.
  티켓 한 장을 예약하고 싶어요.

- Quiero reservar _____ _____.
  자리를 하나 예약하고 싶어요.

- Quiero reservar _____ _____ de alquiler.
  렌트카 한 대를 예약하고 싶어요.

정답

- Quiero
- una mesa
- reservar
- un asiento
- un coche

224

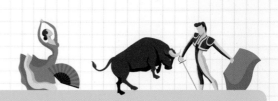

A : Necesito ayuda.

B : ¿Qué le pasa?

A : No encuentro mi móvil.

B : Ahora voy a buscarlo también.

A : 도움이 필요해요.

B : 무슨 일이세요?

A : 제 핸드폰을 못 찾겠어요.

B : 지금 저도 같이 찾아볼게요.

단어

- ayuda 도움
- pasar 발생하다, 일어나다
- encontrar 찾다, 만나다
- buscar 찾다, 구하다
- lo 그것(중성 대명사)

A : Quiero reservar un taxi.

B : Vale. ¿A qué hora y adónde quiere ir?

A : A la una, hasta la plaza mayor, por favor.

B : No hay problema.

A : 택시 한 대를 예약하고 싶어요.

B : 알겠습니다. 몇 시에 어디로 가기를 원하시나요?

A : 한 시에, 대광장까지 부탁드려요.

B : 문제 없습니다.

단어

- vale. 알겠습니다.(OK)
- adónde 어디에, 어디로
- ir 가다
- hasta ~까지
- problema 문제

말라가 (Málaga)
– 알카사바 (Alcazaba)

➥ 오늘 배울 표현은 *~인 것 같아요*

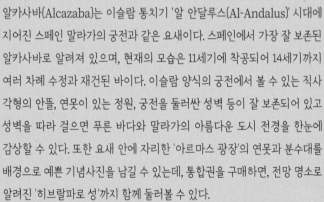

알카사바(Alcazaba)는 이슬람 통치기 '알 안달루스(Al-Andalus)' 시대에 지어진 스페인 말라가의 궁전과 같은 요새이다. 스페인에서 가장 잘 보존된 알카사바로 알려져 있으며, 현재의 모습은 11세기에 착공되어 14세기까지 여러 차례 수정과 재건된 바이다. 이슬람 양식의 궁전에서 볼 수 있는 직사각형의 안뜰, 연못이 있는 정원, 궁전을 둘러싼 성벽 등이 잘 보존되어 있고 성벽을 따라 걸으면 푸른 바다와 말라가의 아름다운 도시 전경을 한눈에 감상할 수 있다. 또한 요새 안에 자리한 '아르마스 광장'의 연못과 분수대를 배경으로 예쁜 기념사진을 남길 수 있는데, 통합권을 구매하면, 전망 명소로 알려진 '히브랄파로 성'까지 함께 둘러볼 수 있다.

출처 - 말라가 알카사바 공식 홈페이지 (alcazabamalaga.com/)

이번 핫플레이스에서는
어떤 대화를 하는지
먼저 살펴볼까요?

원어민의 음성을 들어보세요.

Spain_41.mp3

1

A : Me parece que Málaga es una ciudad bonita.
B : De acuerdo. Me gusta la playa.

2

A : ¿Picasso nació en Málaga?
B : Sí. Exacto.

3

A : ¿Me recomienda algún lugar para visitar?
B : Le recomiendo dos pueblos cerca de
  Málaga, Frigiliana y Nerja.

1

A : 말라가는 예쁜 도시인 거 같아요.
B : 동의해요. 저는 해변이 좋아요.

2

A : 피카소가 말라가에서 태어났나요?
B : 네. 정확해요.

3

A : 방문할 만한 장소를 추천해주실래요?
B : 밀라가 근교의 두 도시인 프리힐리아나와 네르하를 추천해드려요.

오늘의 주요 단어입니다.
학습을 시작하기 전에
단어부터 살펴보아요.

- me parece que
  (나는) ~라고 생각하다

- bonito 예쁜

- de acuerdo 동의하다

- playa 해변

- nació 태어났다(nacer)

- algún 어떤(alguna)

- visitar 방문하다

- pueblo 마을

- cerca de ~에서 가까운

- verdad 사실

- interesante 흥미로운

실전여행

이 정도 한마디는
핫플레이스에서 꼭 해보아요.
패턴으로 완벽 암기하세요.

☆TIP

'Me parece que ~' 구문은 동사
parece는 그대로 두고 인칭에 따라
앞에 간접목적격대명사를 me – te
– le – nos – os – les로 바꿔서
넣어주면 '생각하는' 주체를 바꿀 수
있다.

Me parece que ~ ~인 것 같아요

- Me parece que no es verdad.

  사실이 아닌 것 같아요.

- Me parece que es interesante.

  흥미로운 것 같아요.

- Me parece que vale la pena.

  가치가 있는 것 같아요.

- Me parece que es bueno.

  좋은 것 같아요.

- Me parece que es malo.

  나쁜 것 같아요.

일지쓰기

1

🔴 핫플레이스에서 대화한 내용을 떠올리며 빈칸을 채워보세요.

A : _____ _____ _____ Málaga

es una ciudad bonita.

B : De acuerdo. Me gusta la playa.

A : 말라가는 예쁜 도시인 거 같아요.

B : 동의해요. 저는 해변이 좋아요.

2

A : ¿Picasso nació en Málaga?

B : Sí. _____.

A : 피카소가 말라가에서 태어났나요?

B : 네. 정확해요.

3

A : ¿Me recomienda algún lugar para _____?

B : Le recomiendo dos pueblos

_____ _____ Málaga, Frigiliana y

Nerja.

A : 방문할 만한 장소를 추천해주실래요?

B : 말라가 근교의 두 도시인 프리힐리아나와 네르하를 추천해드려요.

정답
① Me parece que
② Exacto
③ visitar, cerca de

스페인 문화를 떠올리면 빼놓을 수 없는 것이 바로 '투우(La Corrida de Toros)'일 것이다. 투우는 스페인, 포르투갈 등 이베리아 반도 국가들이나 프랑스 남부 지방에서 전통적으로 행해져 왔다. 고대부터 주술 의식의 일종으로 널리 이뤄지다가 중세를 거쳐 17세기 말경까지에는 전적으로 스페인 왕실의 오락거리로 귀족들 사이에 성행했다. 현재와 같이 일반 군중들 앞에 시행된 것은 18세기 초 보르본왕조 시대에 이르러서이지만, 현대에는 동물 학대 여론 등으로 점차 사라지고 있는 추세이다. 한편, 스페인 주요 도시 곳곳에 역사가 오래된 투우 경기장이 자리 잡고 있는데 말라가의 투우장 또한 유규한 역사를 자랑하기에 그 분위기를 느끼기에 좋은 장소이다. 경기가 없을 때에도 경기장 관람이 가능하니 뜨거운 스페인의 열정을 상상 해보며 투우 경기장을 방문해 보는 것도 좋을 것이다.

출처 – 안달루시아 관광 공식 홈페이지 (andalucia.org/)

미리보기

이번 핫플레이스에서는
어떤 대화를 하는지
먼저 살펴볼까요?

 원어민의 음성을 들어보세요.

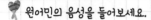 Spain_42.mp3

1

A : ¿Con qué frecuencia celebran corrida de toros?

B : Pues, no sé exactamente. Pero ahora no se hace mucho.

2

A : ¿Son populares los toreros en España?

B : Sí. Se dice que casi como los futbolistas.

3

A : ¿Te gusta la corrida de toros?

B : No me gusta porque es violenta para mí.

1

A : 얼마나 자주 투우를 하나요?

B : 글쎄요, 정확하게는 몰라요. 하지만 지금은 많이 하지는 않아요.

2

A : 스페인에서 투우사들이 인기 있나요?

B : 네, 거의 축구 선수들만큼이라고 해요.

3

A : 투우를 좋아하나요?

B : 저한테는 난폭해서 좋아하지 않아요.

오늘의 주요 단어입니다.
학습을 시작하기 전에
단어부터 살펴보아요.

- **con** ~를 가지고, ~와 함께
- **frecuencia** 빈번함
- **celebran** 개최하다(celebrar)
- **corrida de toros** 투우
- **pues** 글쎄(Well)
- **sé** 알다(saber)
- **exactamente** 정확하게
- **torero** 투우사
- **futbolista** 축구 선수
- **violento** 폭력적인
- **hacer ejercicio** 운동하다
- **iglesia** 교회
- **lees** 읽다(leer)

실전여행

이 정도 한마디는
핫플레이스에서 꼭 해보아요.
패턴으로 완벽 암기하세요.

⭐TIP

'Con qué frecuencia ~' 표현 뒤에는
동사를 위치시키면 된다. 한편, con은
영어의 전치사 with에 해당하며 '~와
함께, ~를 가지고'라는 의미로 자주
사용한다.

¿Con qué frecuencia ~?
얼마나 자주 ~하나요?

- -

- **¿Con qué frecuencia haces ejercicio?**
  얼마나 자주 운동해?

- **¿Con qué frecuencia viajas?**
  얼마나 자주 여행해?

- **¿Con qué frecuencia bebes?**
  얼마나 자주 술을 마시니?

- **¿Con qué frecuencia vas a la iglesia?**
  얼마나 자주 교회에 가니?

- **¿Con qué frecuencia lees?**
  얼마나 자주 책을 읽어?

일지쓰기

➡ 핫플레이스에서 대화한 내용을
떠올리며 빈칸을 채워보세요.

1

A : ¿_____ _____ _____
celebran corrida de toros?

B : Pues, no _____ exactamente. Pero
ahora no se hace mucho.

A : 얼마나 자주 투우를 하나요?

B : 글쎄요, 정확하게는 몰라요. 하지만 지금은 많이 하지는 않아요.

2

A : ¿Son _____ los toreros en España?

B : Sí. Se que casi como los _____.

A : 스페인에서 투우사들이 인기 있나요?

B : 네. 거의 축구 선수들만큼이라고 해요.

3

정답

① Con qué frecuencia, sé
② populares, futbolistas
③ corrida de toros, violenta

A : ¿Te gusta la _____ _____ _____?

B : No me gusta porque es _____ para mí.

A : 투우를 좋아하나요?

B : 저한테는 난폭해서 좋아하지 않아요.

233

말라가 (Málaga)
– 말라게타 해변 (Playa de la Malagueta)

43

▶ 오늘 배울 표현은 **잃어버렸어요**

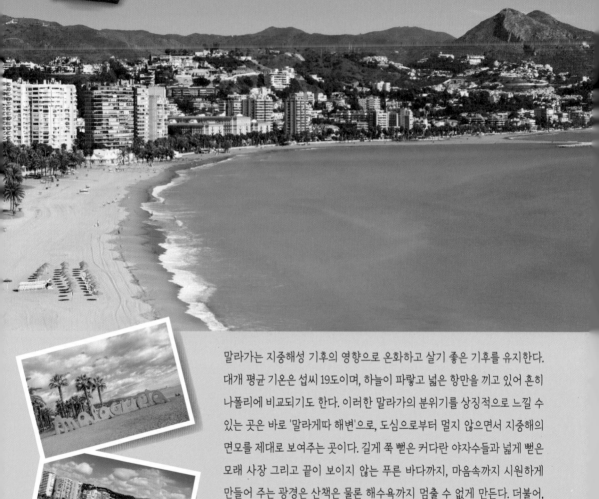

말라가는 지중해성 기후의 영향으로 온화하고 살기 좋은 기후를 유지한다. 대개 평균 기온은 섭씨 19도이며, 하늘이 파랗고 넓은 항만을 끼고 있어 흔히 나폴리에 비교되기도 한다. 이러한 말라가의 분위기를 상징적으로 느낄 수 있는 곳은 바로 '말라게따 해변'으로, 도심으로부터 멀지 않으면서 지중해의 면모를 제대로 보여주는 곳이다. 길게 쭉 뻗은 커다란 야자수들과 넓게 뻗은 모래 사장 그리고 끝이 보이지 않는 푸른 바다까지, 마음속까지 시원하게 만들어 주는 광경은 산책은 물론 해수욕까지 멈출 수 없게 만든다. 더불어, 말라게따 해변에 위치한 'malagueta'를 알리는 글씨 조형물은 많은 관광객들이 인증샷을 찍는 포토존이니 놓치지 않도록 하자.

출처 - 안달루시아 관광 공식 홈페이지 (andalucia.org/)

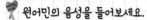

이번 핫플레이스에서는
어떤 대화를 하는지
먼저 살펴볼까요?

🎙 원어민의 음성을 들어보세요.

▶ Spain_43.mp3

1

A : ¿Está bien nadar en la playa de
Malagueta?
B : Claro que sí. Excepto en invierno.

2

A : ¿La playa de Málaga es la más hermosa
en España?
B : Se dice así.

3

A : Dios mío. He perdido mi pasaporte.
B : Madre mía. Voy a llamar a la embajada
de Corea.

1

A : 말라게타 해변에서 수영하기에 괜찮나요?
B : 당연하죠. 겨울을 제외하고는요.

2

A : 스페인에서 말라가 해변이 가장 아름답나요?
B : 그렇게들 말하더라고요.

3

A : 오 마이갓. 여권을 잃어버렸어요.
B : 엄마야. 한국 대사관에 전화할게요.

오늘의 주요 단어입니다.
학습을 시작하기 전에
단어부터 살펴보아요.

- nadar 수영하다
- playa 해변
- excepto ~를 제외하고
- invierno 겨울
- así 그렇게
- Dios 신
- pasaporte 여권
- mío/a 나의(소유사 후치형)

- escuchar música 음악 듣다
- embajada 대사관
- cartera 지갑
- cámara 카메라
- móvil 핸드폰
- reloj 시계
- pulsera 팔찌

실전여행

이 정도 한마디는
핫플레이스에서 꼭 해보아요.
패턴으로 완벽 암기하세요.

⭐TIP

'Haber + p.p' 표현은 영어의
'have p.p' 표현으로서, 현재완료에
해당한다. 'Haber' 동사는 'he –
has – ha – hemos – habéis –
han'으로 인칭에 따라 변화하며, p.p
형태는 –ar 동사는 –ado, –er &–ir
동사는 –ido 이다.

He perdido ~ 잃어버렸어요.

- He perdido **mi cartera.**

  제 지갑을 잃어버렸어요.

- He perdido **mi cámara.**

  제 카메라를 잃어버렸어요.

- He perdido **mi bolso.**

  제 가방을 잃어버렸어요.

- He perdido **mi móvil.**

  제 핸드폰을 잃어버렸어요.

- He perdido **mi reloj de pulsera.**

  제 손목시계를 잃어버렸어요.

일지쓰기

➡ 핫플레이스에서 대화한 내용을
떠올리며 빈칸을 채워보세요.

1

A : ¿＿＿＿＿＿ ＿＿＿＿＿ nadar en la playa de
Malagueta?

B : Claro que sí. ＿＿＿＿＿ en invierno.

A : 말라게타 해변에서 수영하기에 괜찮나요?

B : 당연하죠. 겨울을 제외하고는요.

2

A : ¿La playa de Málaga es la más ＿＿＿＿＿ en
España?

B : Se ＿＿＿＿＿ ＿＿＿＿＿.

A : 스페인에서 말라가 해변이 가장 아름답나요?

B : 그렇게들 말하더라고요.

3

A : Dios mío. ＿＿＿＿＿ ＿＿＿＿＿ mi pasaporte.

B : Madre mía. Voy a llamar a la embajada de
Corea.

A : 오 마이갓. 여권을 잃어버렸어요.

B : 엄마야. 한국 대사관에 전화할게요.

정답

1 Está bien, Excepto
2 hermosa, dice así
3 He perdido

핫플레이스 스페인어 여행

스페인 남부 - 2

스페인 남부

50 유대인 지구
49 메스키타
48 알카사르
코르도바
47 알바이신 지구
그라나다
세비야
말라가
46 사크로몬테
45 산 니콜라스 전망대
44 알람브라 궁전

44

그라나다 (Granada)
– 알람브라 궁전 (La Alhambra)

➡️ 오늘 배울 표현은 ~하기는 처음이에요

그라나다는 이슬람 최후의 왕국인 나스르(Nazari) 왕국이 있던 곳이다. 이 왕국은 1492년까지 약 250여 년 동안 존속했다. 코르도바가 이베리아 반도에서 이슬람 최초의 수도라면, 그라나다는 이슬람 최후의 도시이다. 무슨 말이 더 필요할까, 그라나다에는 알람브라 궁전이 있다. 13~15세기 사이에 지어진 이 궁전은 이슬람 건축의 진수를 그대로 보여준다. '알람브라'는 '붉은 요새'라는 뜻이며, 붉은 흙을 그대로 사용해서 고풍스럽고 자연친화적인 분위기를 뽐낸다. 크게 네 구역으로 나뉘는데, 알카사바, 나스르 궁전, 까를로스 5세 궁전, 헤네랄리페이다. 내부는 섬세하고 아름다운 조각 장식으로 가득찬 화려한 모습을 하고 있고, 잘 가꾸어진 푸른 정원과 곳곳에 위치한 청량한 분수들이 궁정의 아름다움을 더해 준다. 당일 입장권 구입이 매우 어려우니 여행 계획을 세울 때 인터넷 등으로 미리 예약 후 방문하기를 추천한다.

출처 - 이강혁 - 처음 만나는 스페인 이야기 37 - 지식프레임

이번 핫플레이스에서는
어떤 대화를 하는지
먼저 살펴볼까요?

 원어민의 음성을 들어보세요.

Spain_44.mp3

1

A : Es la primera vez que **vengo a la Alhambra.**
B : Yo también.

2

A : ¿Cómo es la Alhambra para ti?
B : Para mí, es muy hermosa.

3

A : ¿Quieres venir aquí otra vez en el futuro?
B : Claro que sí. Con mi futuro esposo.

1

A : 알람브라 궁전에 온 것은 처음이에요.
B : 저도요.

2

A : 너에게 알람브라 궁전은 어때?
B : 나에게는 정말로 아름다워.

3

A : 미래에 다시 한 번 여기에 오고 싶나요?
B : 당연하죠. 제 미래의 남편과 함께요.

준비하기

➡ 오늘의 주요 단어입니다.
학습을 시작하기 전에
단어부터 살펴보아요.

• primero/a 처음의	• en el futuro 미래에
• vez 번(횟수)	• venir 오다
• también 또한	• esposo/a 남편/아내
• cómo 어떻게(How)	• viajo 여행하다(viajar)
• para ti 너에게(있어)	• extraño 낯선 사람
• para mí 나에게(있어)	• tanto 그렇게 많이
• otra vez 다시 한 번	• como ~같이, ~처럼(as, like)

실전여행

➡ 이 정도 한마디는
핫플레이스에서 꼭 해보아요.
패턴으로 완벽 암기하세요.

⭐TIP

'tan/tanto'는 '얼마나 많이, 그토록
많이' 등의 의미로 사용되는데, tan은
형용사와 함께, tanto는 명사/동사와
함께 사용한다.

Es la primera vez que ~ ~하기는 처음이에요

• Es la primera vez que viajo solo.

혼자 여행해 보기는 처음이에요.

• Es la primera vez que viajo con un extraño.

낯선 사람과 여행하는 건 처음이에요.

• Es la primera vez que camino tanto como hoy.

오늘처럼 많이 걷는 것은 처음이에요.

• Es la primera vez que estoy tan feliz como ahora.

지금처럼 아주 행복하기는 처음이에요.

• Es la primera vez que no quiero volver a mi casa.

집에 돌아가기 싫은 건 처음이에요.

핫플레이스에서 대화한 내용을
떠올리며 빈칸을 채워보세요.

1

A : _____ _____ _____ vez que
vengo a la Alhambra.

B : _____ _____.

A : 알람브라 궁전에 온 것은 처음이에요.

B : 저도요.

2

A : ¿Cómo es la Alhambra _____ _____?

B : _____ _____, es muy hermosa.

A : 너에게 알람브라 궁전은 어때?

B : 나에게는 정말로 아름다워.

3

A : ¿Quieres venir aquí _____ _____ en
el futuro?

B : _____ _____ _____ Con mi
futuro esposo.

A : 미래에 다시 한 번 여기에 오고 싶나요?

B : 당연하죠, 사랑하는 사람과 함께 오고 싶어요

정답

① Es la primera, Yo también
② para ti, Para mí
③ otra vez, Claro que sí

243

41

말라가 (Málaga) **– 알카사바** (Alcazaba)

Me parece que ~   ～인 것 같아요

- Me parece que no es _____.
  사실이 아닌 것 같아요.

- Me parece que es _____.
  흥미로운 것 같아요.

- Me parece que _____ _____ _____.
  가치가 있는 것 같아요.

- Me parece que es _____.
  좋은 것 같아요.

- Me parece que es _____.
  나쁜 것 같아요.

정답
- verdad
- interesante
- vale la pena
- bueno
- malo

42

말라가 (Málaga) **– 투우경기장** (Plaza de Toros)

¿Con qué frecuencia ~?   얼마나 자주 ～하나요?

- ¿Con qué frecuencia _____ _____?
  얼마나 자주 운동해?

- ¿Con qué frecuencia _____?
  얼마나 자주 여행해?

- ¿Con qué frecuencia _____?
  얼마나 자주 술을 마시니?

- ¿Con qué frecuencia vas a _____ _____?
  얼마나 자주 교회에 가니?

- ¿Con qué frecuencia _____?
  얼마나 자주 책을 읽어?

정답
- haces ejercicio
- viajas
- bebes
- la iglesia
- lees

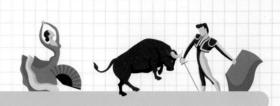

A : ¿Es recomendable ir a Frigiliana?

B : Creo que sí. Es "el Santorini" de España.

A : Entonces, será muy bonita.

B : Me parece que vale la pena.

A : 프리힐리아나에 가는 것이 추천할만 한가요?

B : 그렇다고 생각해요. 스페인의 산토리니예요.

A : 그럼, 아주 예쁘겠어요.

B : 가치가 있다고 생각해요.

단어

- recomendable
  추천할만한

A : ¿Con qué frecuencia hace ejercicio?

B : Pues, al menos 2(dos) veces por semana.

A : ¿Te gusta hacer ejercicio?

B : Sí. Me gusta. ¿Y a usted?

A : 얼마나 자주 운동하세요?

B : 글쎄요, 최소한 일주일에 두 번은 해요.

A : 운동하시는 거 좋아하세요?

B : 네, 좋아해요. 당신은요?

단어

- al menos 최소한
- ejercicio 운동

기억하기 다음 빈칸에 들어갈 내용을 떠올리며
앞서 다녀온 핫플레이스를 다시 기억해보세요.

43

말라가 (Málaga) – 말라게타 해변 (Playa de la Malagueta)

He perdido ~   잃어버렸어요

• _____ _____ mi cartera?
제 지갑을 잃어버렸어요.

• He perdido _____ _____?
제 카메라를 잃어버렸어요.

• He perdido _____ _____?
제 가방을 잃어버렸어요.

정답
....
· He perdido
· mi cámara
· mi bolso
· mi móvil
· de pulsera

• He perdido _____ _____?
제 핸드폰을 잃어버렸어요.

• He perdido mi reloj _____ _____?
제 손목시계를 잃어버렸어요.

44

그라나다 (Granada) – 알람브라 궁전 (La Alhambra)

Es la primera vez que ~   ～하기는 처음이에요

• Es la primera vez que _____ solo.
혼자 여행해보기는 처음이에요.

• Es la primera vez que viajo con _____ _____.
낯선 사람과 여행하는 건 처음이에요.

• Es la primera vez que camino tanto _____ _____.
오늘처럼 많이 걷는 것은 처음이에요.

정답
....
· viajo
· un extraño
· como hoy
· como ahora
· mi casa

• Es la primera vez que estoy tan feliz _____ _____.
지금처럼 아주 행복하기는 처음이에요.

• Es la primera vez que no quiero volver a _____ _____.
집에 돌아가기 싫은 건 처음이에요.

A : He perdido mi equipaje.

B : Debes solicitar el PIR.

A : ¿Qué es el PIR?

B : Es el Parte de Irregularidad de Equipajes.

A : 제 수하물을 잃어버렸어요.

B : PIR을 신청하셔야 하세요.

A : PIR이 무엇인가요?

B : 수하물 이상 (신고)문서입니다.

단어

* equipaje 수하물
* solicitar 신청하다
* parte 문서
* irregularidad
  이상, 부정

A : Es la primera vez que viajo solo.

B : Viajar solo tiene mucho mérito.

A : De acuerdo. Pero es muy solitario.

B : No puedo negarlo.

A : 혼자 여행하는 것은 처음이에요.

B : 혼자 여행하기는 많은 장점을 가지고 있죠.

A : 동의해요. 하지만 아주 외로워요.

B : 그것을 부인할 수가 없군요.

단어

* mérito 장점
* solitario 외로운
* negar 부정하다

45 그라나다 (Granada)
– 산 니콜라스 전망대 (Mirador de San Nicolás)

오늘 배울 표현은 ~합시다

그라나다는 이베리아반도에 있었던 이슬람 세력의 마지막 근거지로써, 1492년 이사벨 여왕에 의해 결국 함락되고 이로써 레콩키스타(Reconquista - 국토 회복운동)가 완료되었다. 안달루시아 구역 내에서도 가장 내륙에 위치해 있기 때문에 스페인의 뜨거운 태양을 가장 실감할 수 있는 도시이기도 하나, 어딜 가나 시원한 아이스크림과 음료를 파는 가게를 쉽게 만날 수 있다. 멕시코의 음악가 '아구스틴 라라(Agustín Lara)'는 '그라나다'라는 제목의 노래를 통해, 이 도시를 '빛나는 햇빛과 꽃과 노래가 넘치는 땅, 밤이 되면 별이 반짝이고' 라고 표현한 바 있다. 이러한 그라나다의 전경을 한눈에 볼 수 있는 곳이 바로 '산 니콜라스 전망대'이다. 이곳에 오르면 알람브라 궁전뿐만 아니라 유럽 최남단에 있는 빙하 지형인 시에라 네바다(Sierra Nevada)의 경관까지 한눈에 조망할 수 있다.

출처 - 안달루시아 공식 관광 홈페이지(andalucia.org)

미리보기

이번 핫플레이스에서는
어떤 대화를 하는지
먼저 살펴볼까요?

🎤 원어민의 음성을 들어보세요.

Spain_45.mp3

1

A : Vamos a subir al Mirador de San Nicolás.
B : ¡Vamos ahora mismo!

2

A : ¿Cuánto se tarda en ir al mirador desde la Plaza Nueva?
B : En autobús, más o menos 15(quince) minutos.

3

A : ¿Qué tipos de transporte puedo usar hasta el mirador?
B : Pues, hay autobús y puedes usar un taxi también.

1

A : 산 니콜라스 전망대에 올라갑시다.
B : 지금 당장 갑시다!

2

A : 누에바 광장에서부터 전망대까지 얼마나 걸려요?
B : 버스로는, 대략 15분 정도 걸려요.

3

A : 전망대까지 어떤 종류의 교통수단을 이용할 수 있나요?
B : 글쎄요, 버스가 있구요 택시도 이용할 수 있어요.

준비하기

오늘의 주요 단어입니다.
학습을 시작하기 전에
단어부터 살펴보아요.

- vamos a +inf.(동사원형)
  ~합시다
- subir 오르다
- ahora mismo 지금 당장
- transporte 교통수단
- ya 이제, 이미
- bailar 춤추다
- juntos 다 함께
- tomar fotos 사진 찍다
- pasar 보내다
- estupendo 멋진
- amar 사랑하다
- naturaleza 자연
- más 더

실전여행

이 정도 한마디는
핫플레이스에서 꼭 해보아요.
패턴으로 완벽 암기하세요.

⭐TIP
스페인어로 청유형(~하자)을 표현할
때는 'vamos a 동사원형'으로 사용한다.

Vamos a + 동사원형 ~합시다

- Vamos a comer ya.

  이제 식사합시다.

- Vamos a bailar juntos.

  다같이 춤을 춥시다.

- Vamos a tomar fotos aquí.

  여기서 사진을 찍자.

- Vamos a pasar un día estupendo.

  멋진 하루를 보내자.

- Vamos a amar la naturaleza más.

  우리 자연을 더 사랑하자.

1

한핫플레이스에서 대화한 내용을 떠올리며 빈칸을 채워보세요.

A : _____ _____ _____ al Mirador de San Nicolás.

B : ¡Vamos ahora mismo!

A : 산 니콜라스 전망대에 올라갑시다.

B : 지금 당장 갑시다!

2

A : ¿Cuánto se tarda en ir al mirador desde la Plaza Nueva?

B : _____ _____, más o menos 15(quince) minutos.

A : 누에바 광장에서부터 전망대까지 얼마나 걸려요?

B : 버스로는, 대략 15분 정도 걸려요.

3

A : ¿Qué tipos de _____ puedo usar hasta el mirador?

B : Pues, hay autobús y puedes usar un taxi también.

A : 전망대까지 어떤 종류의 교통수단을 이용할 수 있나요?

B : 글쎄요, 버스가 있구요 택시도 이용할 수 있어요.

정답

1 Vamos a subir

2 En autobús

3 transporte

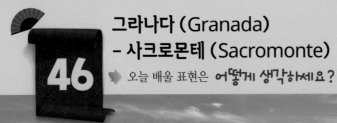

그라나다 (Granada)
– 사크로몬테 (Sacromonte)

▶ 오늘 배울 표현은 **어떻게 생각하세요?**

그라나다에서 가장 높은 고지대이자 동굴로 가득한 이 곳은 과거 집시들의 거주지였던 곳으로, 현재까지도 꽤 많은 집시들이 살고 있는 곳이다. 레콩키스타(Reconquista – 국토회복운동) 당시, 집시들이 이사벨 여왕에 적극적으로 협력해 이슬람 무어족을 몰아내는데 공을 세웠다고 전해진다. 이곳은 일명 포토존으로도 유명한데, 모든 집들이 새하얀 벽돌로 지어졌기에 그리스 산토리니 못지 않은 분위기를 느낄 수 있기 때문이다. 다만, 어쨌든 장소가 장소이니만큼 밤이 어두워진 늦은 시간에 홀로 가는 것은 추천하지 않는다. 그라나다 중심지에서 버스로 15분 정도 가면 만날 수 있다.

출처 – 안달루시아 공식 관광 홈페이지(andalucia.org)

이번 핫플레이스에서는
어떤 대화를 하는지
먼저 살펴볼까요?

🎤 원어민의 음성을 들어보세요.

Spain_46.mp3

1

A : ¿Qué opina de Granada?

B : Es una ciudad maravillosa.

2

A : ¿Qué significado tiene ´Sacromonte´?

B : 'Sacro' es 'Saint' en inglés, significa ´Saint slope´.

3

A : ¿Ir al Sacromonte de noche es peligroso?

B : Sí. No lo recomiendo.

1

A : 그라나다에 대해 어떻게 생각하세요?

B : 경이로운 도시예요.

2

A : '사크로몬테'는 무슨 의미를 가지고 있나요?

B : '사크로몬테' 영어로 '신성한'이에요, '신성한 언덕'을 의미해요.

3

A : 밤에 사크로몬테에 가는 것은 위험한가요?

B : 네. 그건 추천해드리지 않아요.

- qué 무엇(what)
- opina 의견이다(opinar)
- maravilloso 경이로운
- noche 밤
- peligroso 위험한
- lo 그것
  (언급된 단어 혹은 문장 전체)

- recomiendo 추천하다
  (recomendar)
- mí 나(yo의 전치격)
- viajar 여행하다
- juntos 함께

오늘의 주요 단어입니다.
학습을 시작하기 전에
단어부터 살펴보아요.

실전여행

이 정도 한마디는
핫플레이스에서 꼭 해보아요.
패턴으로 완벽 암기하세요.

⭐TIP

opinar 동사의 2인칭 단수형(Tú)
opinas나 piensas(pensar)/
crees(creer)로 물으면 존칭의 의미가
사라지고 편한 말투가 된다.

¿Qué opina? 어떻게 생각하세요?

· ¿Qué opina?

어떻게 생각하세요?(당신의 의견은 어때요?)

· ¿Qué opina de España?

스페인에 대해 어떻게 생각하세요?

· ¿Qué opina de los españoles?

스페인 사람들에 대해 어떻게 생각하세요?

· ¿Qué opina de mí?

나에 대해 어떻게 생각해?

· ¿Qué opina de viajar juntos?

함께 여행하는 거에 대해 어떻게 생각해?

일지쓰기

➡ 핫플레이스에서 대화한 내용을 떠올리며 빈칸을 채워보세요.

1

A : ¿_____ _____ de Granada?
B : Es una ciudad maravillosa.

A : 그라나다에 대해 어떻게 생각하세요?
B : 경이로운 도시예요.

2

A : ¿_____ _____ tiene 'Sacromonte'?
B : 'Sacro' es 'Saint' en inglés, significa 'Saint slope'.

A : '사크로몬테'는 무슨 의미를 가지고 있나요?
B : '사크로몬테' 영어로 '신성한'이에요, '신성한 언덕'을 의미해요.

3

A : ¿Ir al Sacromonte de noche es _____?
B : Sí. No lo recomiendo.

A : 밤에 사크로몬테에 가는 것은 위험한가요?
B : 네. 그건 추천해드리지 않아요.

정답

① Qué opina
② Qué significado
③ peligroso

그라나다 (Granada)
– 알바이신 지구 (Albaicín)

47

오늘 배울 표현은 **무엇을 준비해야 하나요?**

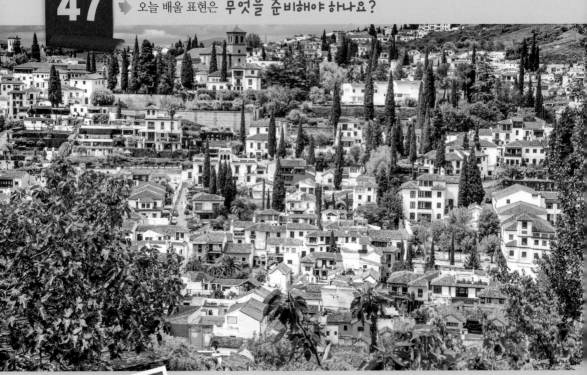

그라나다는 알람브라 궁전, 사크로몬테 지역, 알바이신 지역 총 3개의 언덕으로 이루어진 도시라고 불리운다. 이 중 알바이신 지구는 알람브라 궁전, 헤네랄리페(Generalife)와 함께 세계문화유산으로 등록되어 있다. 기독교인들의 정복 이후, 도시가 개발되었음에도 알바이신은 여전히 중세 무어인 정착지의 특징, 즉 도시의 외관과 구조, 건축의 주요 특징(형태, 소재와 색상)은 변하지 않았다. 때문에 알바이신을 방문한다면 스페인-무어 양식 즉, 안달루시아의 전통 양식과 무어인의 토속 양식의 건축물들이 조화롭게 어우러진 도시의 탁월한 사례를 감상할 수 있을 것이다.

출처 - '유네스코와 유산' (heritage.unesco.or.kr)

미리보기

이번 핫플레이스에서는
어떤 대화를 하는지
먼저 살펴볼까요?

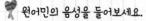 원어민의 음성을 들어보세요.

Spain_47.mp3

1

A : ¿Qué es el Albaicín?

B : Es la residencia antigua de los judíos.

2

A : ¿Cómo es el Albaicín?

B : Es una zona llena de casas blancas.

3

A : ¿Qué debo preparar para ir ahí?

B : Pues... necesita zapatos cómodos.

1

A : 알바이신이 뭐예요?

B : 과거 유대인들의 거주지예요.

2

A : 알바이신은 어때요?

B : 흰색 집들로 채워진 구역이에요.

3

A : 그곳에 가기 위해 무엇을 준비해야 하나요?

B : 음...편한 신발이 필요해요.

준비하기

오늘의 주요 단어입니다.
학습을 시작하기 전에
단어부터 살펴보아요.

- **lugar de residencia** 거주지
- **antiguo** 오래된
- **judío** 유대인
- **zona** 구역
- **lleno de** ~로 채워진
- **casa** 집
- **blanco** 흰
- **preparar** 준비하다
- **necesita** 필요하다(necesitar)
- **zapato** 신발
- **cómodo** 편한

실전여행

이 정도 한마디는
핫플레이스에서 꼭 해보아요.
패턴으로 완벽 암기하세요.

Deber 동사는 규칙 변화를
하며, '~해야 한다'는 의미의
조동사입니다. 따라서, 동사원형을
받아주는 역할을 합니다. 동사변화는
'debo – debes– debe –debemos
– debéis ' deben'이다.

¿Qué debo preparar?
무엇을 준비해야 하나요?

- ¿Qué debo preparar **para esto?**
  이것을 위해 무엇을 준비해야 하나요?

- ¿Qué debo preparar **para eso?**
  그것을 위해 무엇을 준비해야 하나요?

- ¿Qué debo preparar **para participar?**
  참여하기 위해 무엇을 준비해야 하나요?

- ¿Qué debo preparar **para mí?**
  저를 위해 무엇을 준비해야 하나요?

- ¿Qué debo preparar **para usted?**
  당신을 위해 무엇을 준비해야 하나요?

일지쓰기

➡ 핫플레이스에서 대화한 내용을
떠올리며 빈칸을 채워보세요.

1

A : ¿Qué es el Albaicín?

B : Era la _____ _____ de los judíos.

A : 알바이신이 뭐예요?

B : 과거 유대인들의 거주지예요.

2

A : ¿Cómo es el Albaicín?

B : Es una zona _____ _____ casas
blancas.

A : 알바이신은 어때요?

B : 흰색 집들로 채워진 구역이에요.

3

A : ¿Qué _____ _____ para ir ahí?

B : Pues... necesita zapatos cómodos.

A : 그곳에 가기 위해 무엇을 준비해야 하나요?

B : 음...편한 신발이 필요해요.

정답

1 residencia antigua
2 llena de
3 debo preparar

259

48

코르도바 (Córdoba)
– 알카사르 (Alcázar)

➡ 오늘 배울 표현은 ~보다 더 …합니다

꼬르도바(Córdoba)는 고대 로마 시대 때부터 형성된 도시로서, 과달키비르 강을 끼고 있으며 대도시는 아니지만 오래된 유적이 산재하고 있는 문화 도시이다. 이슬람 문화와 중세 카톨릭 문화의 공존이 독특한 아름다움을 발산하기 때문에 1984년 유네스코 세계유산이 되었고 스페인 안달루시아 지역의 중요한 관광 도시로 꼽는다. 꼬르도바의 '알카사르(Alcazar)'는 다른 대도시에서도 발견할 수 있는 아랍 문화의 '요새' 또는 '성'이다. 그러나, 꼬르도바의 알카사르는 특별한 점을 갖추고 있다. 바로 알람브라 궁전 못지 않은 아름다운 정원이다. 아기자기하게 잘 꾸며진 정원은 분수에서 물줄기를 뿜어내는 볼거리도 펼쳐지니 산책 삼아 방문하기에도 좋은 장소이다.

출처 - 코르도바 관광 공식 홈페이지(turismodecordoba.org)

미리보기

이번 핫플레이스에서는
어떤 대화를 하는지
먼저 살펴볼까요?

원어민의 음성을 들어보세요.

Spain_48.mp3

1

A : ¿Qué significa 'El Alcázar'?

B : Significa ´fortress´ en inglés.

2

A : ¿El Alcázar de Córdoba es diferente de otros alcázares?

B : Es más bello que los demás.

3

A : ¿Sabe que El Alcázar de Córdoba tiene un jardín?

B : No lo sabía. Será muy bonito.

1

A : '알카사르'가 무엇을 의미하나요?

B : 영어로 '포트리스(요새)'를 의미해요.

2

A : 코르도바의 알카사르는 다른 알카사르와 다른가요?

B : 나머지들보다 더 아름다워요.

3

A : 코르도바의 알카사르가 정원을 가지고 있는 거 아세요?

B : 몰랐어요. 아주 예쁘겠네요.

오늘의 주요 단어입니다.
학습을 시작하기 전에
단어부터 살펴보아요.

- **significa** 의미하다(significar)
- **diferente de** ~와 다른
- **más** 형용사 **que** 명사
  (명사)보다 더 (형용사)한
- **los demás** 나머지들
- **jardín** 정원

- **será** ~일 것이다(ser 미래형)
- **alto** 높은, 키가 큰
- **divertido** 재밌는
- **difícil** 어려운
- **antes** 이전

실전여행

이 정도 한마디는
핫플레이스에서 꼭 해보아요.
패턴으로 완벽 암기하세요.

☆ TIP

우등 비교급 구문인 'más 형용사 +
que 명사' 표현에서 más를 menos로
바꾸면 '~보다 덜 ~하다'라는 열등
비교급 구문이 된다.

más 형용사 + que 명사 ~보다 더 …합니다

- **Este es más grande que ese.**

  이것이 그것보다 더 크네요.

- **Eres más alto que yo.**

  당신이 저보다 키가 크시네요.

- **Eres más guapa que yo.**

  당신이 저보다 더 예쁘세요.

- **Es más divertido que ayer.**

  어제보다 더 재밌어요.

- **Es más difícil que antes.**

  이전보다 더 어렵네요.

일지쓰기

▶ 핫플레이스에서 대화한 내용을 떠올리며 빈칸을 채워보세요.

1

A : ¿Qué _____ 'El Alcázar'?

B : _____ ´fortress´ en inglés.

A : '알카사르'가 무엇을 의미하나요?

B : 영어로 '포트리스(요새)'를 의미해요.

2

A : ¿El Alcázar de Córdoba es

_____ _____ otros alcázares?

B : Es más _____ _____ los demás.

A : 코르도바의 알카사르는 다른 알카사르와 다른가요?

B : 나머지들보다 더 아름다워요.

3

A : ¿Sabe que El Alcázar de Córdoba tiene un

_____?

B : No lo sabía. _____ muy bonito.

A : 코르도바의 알카사르가 정원을 가지고 있는 거 아세요?

B : 몰랐어요. 아주 예쁘겠네요.

정답

① significa, Significa

② diferente de, bello que

③ jardín, Será

263

기억하기 다음 빈칸에 들어갈 내용을 떠올리며
앞서 다녀온 핫플레이스를 다시 기억해보세요.

45

그라나다 (Granada) – 산 니콜라스 전망대 (Mirador de San Nicolás)

Vamos a + 동사원형　～합시다

- Vamos a _____ ya.
  이제 식사합시다.

- Vamos a _____ juntos.
  다같이 춤을 춥시다.

- Vamos a _____ _____ aquí.
  여기서 사진을 찍자.

- Vamos a _____ un día estupendo.
  멋진 하루를 보내자.

- _____ _____ amar la naturaleza más.
  우리 자연을 더 사랑하자.

정답

· comer
· bailar
· tomar fotos
· pasar
· Vamos a

46

그라나다 (Granada) – 사크로몬테 (Sacromonte)

¿Qué opina?　어떻게 생각하세요?

- ¿Qué _____?
  어떻게 생각하세요?(당신의 의견은 어때요?)

- ¿_____ opina de España?
  스페인에 대해 어떻게 생각하세요?

- ¿Qué opina de _____ _____?
  스페인 사람들에 대해 어떻게 생각하세요?

- ¿Qué opina de _____?
  나에 대해 어떻게 생각해?

- ¿Qué opina de _____ juntos?
  함께 여행하는 거에 대해 어떻게 생각해?

정답

· opina
· Qué
· los españoles
· mí
· viajar

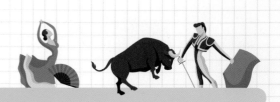

A : Vamos a **bailar juntos**.

B : Ay, no sé bailar.

A : No importa. ¡Bailemos juntos!

B : Vale. ¡Vamos!

A : 우리 다 함께 춤춰요.

B : 아이, 저는 춤을 출 줄 몰라요.

A : 상관없어요. 함께 춤춰요!

B : 알겠어요. 갑시다!

단어

• bailar 춤추다
• importar 중요하다

A : ¿Qué **opina** de los españoles?

B : Creo que son apasionados.

A : Me parece que son similares a los coreanos.

B : ¿De verdad?

A : 스페인 사람들에 대해 어떻게 생각하세요?

B : 열정적이라고 생각해요.

A : 한국인들과 비슷한 거 같아요.

B : 정말요?

단어

• apacionado 연정적인
• similar 유사한

기억하기 다음 빈칸에 들어갈 내용을 떠올리며
앞서 다녀온 핫플레이스를 다시 기억해보세요.

47

그라나다 (Granada) – 알바이신 지구 (Albaicín)

¿Qué debo preparar? 무엇을 준비해야 하나요?

- ¿Qué debo preparar para _____.
  이것을 위해 무엇을 준비해야 하나요?

- ¿Qué debo preparar para _____.
  그것을 위해 무엇을 준비해야 하나요?

- ¿Qué debo preparar para _____.
  참여하기 위해 무엇을 준비해야 하나요?

정답

- esto
- eso
- participar
- Qué
- debo

- ¿_____ debo preparar para mí?
  저를 위해 무엇을 준비해야 하나요?

- ¿Qué _____ preparar para usted.?
  당신을 위해 무엇을 준비해야 하나요?

48

코르도바 (Córdoba) – 알카사르 (Alcázar)

más 형용사 + que 명사 ~보다 더 …합니다

- Este es más _____ que ese.
  이것이 저것보다 더 크네요.

- Eres más _____ que yo.
  당신이 저보다 키가 크시네요.

- Eres más _____ que yo.
  당신이 저보다 더 예쁘세요.

정답

- grande
- alto
- guapa
- divertido
- difícil

- Es más _____ que ayer.
  어제보다 더 재밌어요.

- Es más _____ que antes.
  이전보다 더 어렵네요.

A : Quiero hacer el Camino de Santiago.

B : Vale la pena recorrerlo.

A : ¿Qué debo preparar para mí?

B : Valor y amor a sí mismo.

A : 산티아고 순례길에 가고 싶어요.

B : 걸을 가치가 있어요.

A : 저를 위해 무엇을 준비해야 할까요?

B : 자기 자신에 대한 용기와 사랑이요.

단어
- **recorrer** 돌아다니다
- **valor** 가치
- **sí mismo** 자기 자신

A : Hoy es más divertido que ayer.

B : ¿De verdad?

A : De verdad.

B : Me alegro de oírlo.

A : 오늘이 어제보다 더 재밌었어요.

B : 정말요?

A : 사실이에요.

B : 그 말을 들어서 기뻐요.

단어
- **alegrarse** 기쁘다
- **oír** 듣다

49 코르도바 (Córdoba)
– 메스키타 (Mezquita)

오늘 배울 표현은 ~는 금지되어 있습니다

'메스키타(Mezquita)'는 아랍어 "마스지드"(مسجد)에서 유래한 스페인어로 '사원'을 뜻하는 일반명사지만. 코르도바에 있는 가톨릭 교회의 주교좌 성당 '코르도바 산타마리아 성당'(Catedral de Santa María de Córdoba)을 가리키는 경우가 많다. 곧 꼬르도바 메스키타의 존재감이 워낙 압도적이라 관사를 붙여 "La Mezquita"라고 하면 스페인 사람들의 대다수는 이 건물을 떠올린다. 튀르키예의 아야 소피아가 성당을 모스크로 개조한 것이라면 스페인의 메스키타는 반대로 모스크를 성당으로 개조한 것이며, 이슬람과 카톨릭의 색채가 신비롭게 공존하고 있다.

출처 - 코르도바 관광 공식 홈페이지(turismodecordoba.org)

이번 핫플레이스에서는
어떤 대화를 하는지
먼저 살펴볼까요?

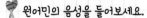 원어민의 음성을 들어보세요.

Spain_49.mp3

1

A : ¿La Mezquita es diferente de otras catedrales?

B : Es muy diferente. Es una fusión del catolicismo y del islamismo.

2

A : Creo que la Mezquita es una maravilla.

B : Estoy de acuerdo. Es un milagro.

3

A : Aquí está prohibido grabar vídeos.

B : Vale. No voy a grabar.

1

A : 메스키타는 다른 성당들과 다른가요?

B : 아주 달라요. 카톨릭과 이슬람의 융합이에요.

2

A : 메스키타는 경이로움이라 생각해요.

B : 동의해요. 기적이에요.

3

A : 여기서 동영상 촬영은 금지되어 있어요.

B : 알겠습니다. 촬영하지 않을게요.

준비하기

오늘의 주요 단어입니다.
학습을 시작하기 전에
단어부터 살펴보아요.

- diferente 다른
- otro 또 다른
- fusión 융합
- catolicismo 카톨릭
- islamismo 이슬람
- maravilla 경이
- Estoy de acuerdo. 동의합니다
- milagro 기적
- prohibido 금지된
- grabar vídeos 촬영하다
- en voz alta 큰 목소리로
- llevar 가지고 가다
- tocar 만지다
- obra 작품

실전여행

이 정도 한마디는
핫플레이스에서 꼭 해보아요.
패턴으로 완벽 암기하세요.

⭐ TIP

prohibir 금지하다 동사를 p.p
형태로 바꾸면 prohibido가 된다.

Está prohibido + 동사원형
~는 금지되어 있습니다

· Está prohibido tomar fotos.

사진 찍는 것은 금지되어 있습니다.

· Está prohibido entrar.

여기 들어가는 것은 금지되어 있습니다.

· Está prohibido hablar en voz alta.

큰 소리로 말하는 것은 금지되어 있습니다.

· Está prohibido llevar comida.

음식물을 반입하는 것은 금지되어 있습니다.

· Está prohibido tocar las obras.

작품을 만지는 것은 금지되어 있습니다.

일지쓰기

➡️ 핫플레이스에서 대화한 내용을 떠올리며 빈칸을 채워보세요.

1

A : ¿La Mezquita es diferente de _____ catedrales?

B : Es muy _____. Es una fusión del catolicismo y del islamismo.

A : 메스키타는 다른 성당들과 다른가요?

B : 아주 달라요. 카톨릭과 이슬람의 융합이에요.

2

A : Creo que la Mezquita es una _____.

B : Estoy de acuerdo. Es un _____.

A : 메스키타는 경이로움이라 생각해요.

B : 동의해요. 기적이에요.

3

A : Aquí _____ _____ grabar vídeos.

B : Vale. No voy a grabar.

A : 여기서 동영상 촬영은 금지되어 있어요.

B : 알겠습니다. 촬영하지 않을게요.

정답

1 otras, diferente

2 maravilla, milagro

3 está prohibido

'유대인 거리'라고도 불리는 꼬르도바의 '유대인 지구(La Judería)'는 '메스끼따(Mezquita)'로부터 북서쪽에 있는 아기자기한 골목으로 약 1,000년의 역사를 자랑한다. 이름대로 과거 유대인들이 살았던 동네인데 작은 규모이지만 온통 하얀 집들에, 알록달록 예쁜 꽃과 화분들로 장식된 모습이 너무 아름다워 관광객들의 발길이 끊이지 않는다. '꽃의 거리(혹은 꽃의 골목)'라는 별명답게 미로같은 골목마다 인생 사진을 남길 수 있는 훌륭한 포토존이 되어 준다. 때문에 꼬르도바에 가서 이 곳을 방문하지 않는다면 무척 아쉬울 것이다.

출처 - 코르도바 관광 공식 홈페이지(turismodecordoba.org)

미리보기

이번 핫플레이스에서는
어떤 대화를 하는지
먼저 살펴볼까요?

원어민의 음성을 들어보세요.

Spain_50.mp3

1

A : ¿Ha venido a Córdoba antes?

B : No. Es mi primera vez.

2

A : ¿Qué es La Judería?

B : Es una zona donde vivían los judíos.

3

A : ¿Vale la pena ir a La Judería?

B : Mucho. Es muy bonita.

1

A : 전에 코르도바에 와봤나요?

B : 아니요. 처음이에요.

2

A : 유대인 지구가 뭐예요?

B : 유대인들이 살았었던 구역이에요.

3

A : 유대인 지구에 갈만한 가치가 있나요?

B : 많이요. 아주 예뻐요.

준비하기

오늘의 주요 단어입니다.
학습을 시작하기 전에
단어부터 살펴보아요.

- ha venido 와봤다(venir)
- antes 전에
- primero 처음의
- vez 횟수
- zona 지역, 구역
- aprender 배우다
- español 스페인어

실전여행

이 정도 한마디는
핫플레이스에서 꼭 해보아요.
패턴으로 완벽 암기하세요.

¿Valela pena~? ～할 가치가 있나요?

- ¿Vale la pena **viajar a Europa?**
  유럽 여행을 할 가치가 있나요?

- ¿Vale la pena **comer comida española?**
  스페인 음식을 먹어 볼 가치가 있나요?

- ¿Vale la pena **ir a España?**
  스페인에 갈 가치가 있나요?

- ¿Vale la pena **viajar solo?**
  혼자 여행할 가치가 있나요?

- ¿Vale la pena **aprender español?**
  스페인어를 배울 만한 가치가 있나요?

🌟 TIP

'Vale la pena~' 표현은 동사원형과
함께 사용합니다. 더불어 질문이 아닌
평서문으로 '～할 가치가 있다'라는
표현을 할 수 있습니다.

274

일지쓰기

➡ 핫플레이스에서 대화한 내용을
떠올리며 빈칸을 채워보세요.

1

A : ¿＿＿＿＿＿ ＿＿＿＿＿ a Córdoba antes?

B : No. Es mi primera vez.

A : 전에 코르도바에 와봤나요?

B : 아니요. 처음이에요.

2

A : ¿Qué es La Judería?

B : Es una zona ＿＿＿＿＿ vivían los judíos.

A : 유대인 지구가 뭐예요?

B : 유대인들이 살았던 구역이에요.

3

A : ¿＿＿＿＿ ＿＿＿＿＿ ＿＿＿＿＿ ir a La Judería?

B : Mucho. Es muy bonita.

A : 유대인 지구에 갈만한 가치가 있나요?

B : 많이요. 아주 예뻐요.

정답

1 Ha venido
2 donde
3 Vale la pena

49

코르도바 (Córdoba) – 메스키타 (Mezquita)

Está prohibido + 동사원형 ~는 금지되어 있습니다

• Está prohibido _____ _____.
사진 찍는 것은 금지되어 있습니다.

• Está prohibido _____.
여기 들어가는 것은 금지되어 있습니다.

• Está prohibido _____ _____ _____ _____.
큰 소리로 말하는 것은 금지되어 있습니다.

• Está prohibido _____ _____.
음식물을 반입하는 것은 금지되어 있습니다.

• Está prohibido _____ _____ _____.
작품을 만지는 것은 금지되어 있습니다.

정답

• tomar fotos
• entrar
• hablar en voz alta
• llevar comida
• tocar las obras

50

코르도바 (Córdoba) – 유대인 지구 (La Judería)

¿vale la pena ~? ~할 가치가 있나요?

• ¿vale la pena _____ a Europa?
유럽 여행을 할 가치가 있나요?

• ¿vale la pena _____ comida española?
스페인 음식을 먹어 볼 가치가 있나요?

• ¿_____ la pena ir a España?
스페인에 갈 가치가 있나요?

• ¿vale la pena viajar _____?
혼자 여행할 가치가 있어요?

• ¿vale la pena _____ _____?
스페인어를 배울 만한 가치가 있나요?

정답

• viajar
• comer
• Vale
• solo
• aprender español

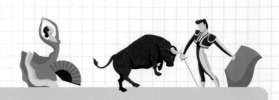

A : Señora. Disculpe. Está prohibido llevar comida.

B : ¿De verdad? No lo sabía.

A : Pero solo agua está bien.

B : Ah, gracias por avisarme.

A : 아주머니, 실례합니다. 음식물 반입은 금지되어 있습니다.

B : 정말요? 몰랐어요.

A : 하지만 물만 괜찮아요.

B : 아, 알려주셔서 감사합니다.

단어

· estar bien 괜찮다
· avisar 알려주다

A : ¿Alguna vez ha ido a España?

B : Sí. Me gusta mucho España.

A : ¿vale la pena viajar a España?

B : ¡Claro que sí! Debe ir a España.

A : 유럽을 여행한 경험이 있나요?

B : 네. 스페인을 아주 좋아해요.

A : 스페인을 여행할 가치가 있나요?

B : 당연하지요! 스페인에 가셔야 해요.

MEMO

MEMO